365

ORACIONES DE BOLSILLO
PARA MADRES

Orientación y sabiduría para cada día

Tyndale House Publishers, Inc.
Carol Stream, Illinois, EE. UU.

Visite Tyndale en Internet: www.tyndaleespanol.com y www.BibliaNTV. com.

TYNDALE, el logotipo de la pluma, *365 Pocket* y *LeatherLike* son marcas registradas de Tyndale House Publishers, Inc. *Nueva Traducción Viviente*, *NTV* y el logotipo son marcas registradas de Tyndale House Publishers, Inc. *SentiPiel* es una marca de Tyndale House Publishers, Inc.

365 oraciones de bolsillo para madres: Orientación y sabiduría para cada día

© 2017 por Barton-Veerman Company, Amie Carlson y Erin Keeley Marshall. Todos los derechos reservados.

Originalmente publicado en inglés en el 2014 como *365 Pocket Prayers for Mothers* por Tyndale House Publishers, Inc., con ISBN 978-1-4143-9039-0.

Fotografía del pícnic en la portada © por Jo Ann Snover/Shutterstock. Todos los derechos reservados.

Ilustración de los pájaros en la portada © por basel101658/Shutterstock. Todos los derechos reservados.

Ilustración de la portada por Koko Toyama. © Tyndale House Publishers, Inc. Todos los derechos reservados.

Fotografía de la hortensia en la portada por Veri Ivanova/Unsplash.com. Todos los derechos reservados. .

Diseño: Koko Tayama

Traducción al español: Mayra Urízar de Ramírez

Edición del español: Christine Kindberg

Publicado en asociación con The Livingstone Corporation.

El texto bíblico ha sido tomado de la *Santa Biblia*, Nueva Traducción Viviente, © 2010 Tyndale House Foundation. Usado con permiso de Tyndale House Publishers, Inc., 351 Executive Dr., Carol Stream, IL 60188, Estados Unidos de América. Todos los derechos reservados.

Para información acerca de descuentos especiales para compras al por mayor, por favor contacte a Tyndale House Publishers a través de espanol@tyndale.com

ISBN 978-1-4964-2187-6
ISBN 978-1-4964-2801-1 (SPEC)

Impreso en China

Printed in the China

23	22	21	20	19	18	17
7	6	5	4	3	2	1

INTRODUCCIÓN

Convertirnos en madres nos cambia. Ya sea que nuestros hijos tengan dieciocho meses o dieciocho años, frecuentemente aparecen primero en nuestros pensamientos al despertarnos y son lo último en nuestra mente a la hora de dormir.

No importa de qué edad sean nuestros hijos, la mejor fuente de sabiduría, consuelo y alivio en la crianza de los hijos es la oración. La oración es simplemente hablar con Dios. Es entregarle nuestras preocupaciones, nuestras batallas y nuestras preguntas. Como mujeres de fe, podemos llegar a él en cualquier momento, abordarlo en cualquier lugar y orar por cualquier cosa. A Dios le encantan nuestras oraciones sinceras y de corazón, y él se interesa profundamente por los detalles de nuestra vida.

Tal vez su fe es relativamente reciente y usted todavía no se siente cómoda al orar. Este libro es para usted. Las oraciones que hemos desarrollado pueden ser usadas para sus propias conversaciones con Dios. A medida que ora por cada tema y cada día, esperamos que llegue a sentirse cada vez más cómoda al hablar con Dios y que incluso comience a formar sus propias oraciones a él.

Tal vez haya sido creyente por varios años pero necesita un poco de inspiración en su vida de oración. Este libro es para usted también. Si el desánimo o el temor por sus hijos a veces le hacen difícil encontrar las palabras adecuadas, estas oraciones le pueden permitir expresar sus preocupaciones de una manera nueva. Al incluir todo un año de oraciones únicas que cubren una gran variedad de temas, este libro la ayudará a renovar su diálogo con Dios.

¡Gracias a Dios no tenemos que ser espiritualmente maduras o estar «ardiendo» para tener una vida de oración significativa! Dondequiera que se encuentre en su trayectoria espiritual, a Dios le agrada que usted se acerque a él. Esperamos que este pequeño libro la ayude a hacerlo.

Encontrará 365 oraciones, organizadas por días y temas. Puede orar cada día del año consecutivamente, si así lo desea.

Alternativamente, busque en el índice un tema que le ayude a orar por una necesidad urgente o que le dé palabras para algo que esté experimentando. Cada cuantos días, también encontrará oraciones llamadas *Momentos de oración*. Estas son oraciones más cortas para días en los que el tiempo es limitado, o para cuando necesita decirle unas breves palabras a Dios.

Cuando inicia una oración nueva, tómelo con calma. Pase un poco de tiempo pensando en lo que le está diciendo a Dios, y trate de personalizar cada oración para su propia vida e hijo. Hacer que cada oración escrita sea su alabanza o petición sincera la hará más significativa.

En sus conversaciones con Dios, tome un poco de tiempo para escuchar. Leer la Palabra de Dios como parte de su tiempo de oración también le da al Señor la oportunidad de hablarle a usted. Hemos incluido un versículo de la Biblia al final de cada oración para ayudarla a reflexionar en lo que Dios podría estarle comunicando.

Cuando llegue al final de este libro, esperamos que se vea inspirada en sus conversaciones con Dios y, más importante aún, que se sienta más cerca de él que nunca antes. Frecuentemente, es en estos tiempos especiales de oración cuando Dios hace su obra poderosa en nuestros corazones. Así que no se rinda; siga adelante. Como nos lo dice su Palabra: «Acerquémonos con toda confianza al trono de la gracia de nuestro Dios. Allí recibiremos su misericordia y encontraremos la gracia que nos ayudará cuando más la necesitemos» (Hebreos 4:16).

El privilegio de la oración es que nos introduce directamente a la presencia de nuestro Dios amoroso. ¡Y las Escrituras nos prometen que no quedaremos decepcionados! Con eso en mente, es hora de empezar.

☼ Una oración acerca de la ESPERANZA
Cuando necesito perspectiva

SEÑOR:

Recordar el día en que vi a mi hija dar sus primeros pasos tambaleantes hacia mis brazos me hace pensar en cómo has prometido estar conmigo cuando doy pasos de fe hacia el futuro desconocido. Al igual que ella, mis pasos no siempre son firmes. Agradezco mucho que no me hayas dejado para hacer este recorrido sola. Tú estás aquí mismo, conmigo.

Gracias por no abandonarme nunca y por usar el recuerdo de mi pequeña hija para vislumbrar la esperanza que viene de un futuro contigo. Gracias por hacer que todo lo que hago coopere para tus propósitos. Ayúdame a buscar tu voluntad en mi vida.

Somos tan solo sombras que se mueven y todo nuestro ajetreo diario termina en la nada. Amontonamos riquezas sin saber quién las gastará. Entonces, Señor, ¿dónde pongo mi esperanza? Mi única esperanza está en ti. SALMO 39:6-7

☼ Una oración acerca de los HIJOS
Cuando me doy cuenta de lo mucho que ellos me enseñan

SEÑOR:

Yo sabía que los hijos son bendiciones que vienen de ti, pero en realidad, no tenía idea de cuán frecuentemente ellos me obsequiarían lecciones que por mucho tiempo he necesitado aprender. Su inocencia me inspira a confiar más en ti; sus risas me impulsan a elegir el gozo; su sentido de aventura me anima a vivir plenamente. A través de ellos estoy aprendiendo a saltar, a tomar los riesgos de la devoción de todo corazón a ti y a los que amo. Cuando los observo, recuerdo que puedo ayudar a otros pequeños necesitados. Me hacen recordar que sea agradecida contigo por proveer para nuestras necesidades y que viva con un corazón generoso.

Padre, ¿a cuántos niños no se les aprecia en esta tierra? Todos ellos tienen tanta promesa, tanto que aprender y aún más que enseñar. Abre mis ojos cada vez más, para que busque las formas en las que pueda servir a los niños que colocas en mi vida. Gracias por ellos, Señor. No sería la misma sin ellos, y no he acabado de crecer a través de ellos.

Por ese tiempo, los discípulos se acercaron a Jesús y le preguntaron: «¿Quién es el más importante en el reino del cielo?». Jesús llamó a un niño pequeño y lo puso en medio de ellos.
MATEO 18:1-2

DÍA 3

☼ Una oración acerca de la CONFIANZA
Cuando busco un camino más fácil

PADRE CELESTIAL:

Cuando estamos tomando un café y conversando, me sorprenden las estrategias y los planes de mis amigas para producir hijos exitosos. Yo, también, me he visto tentada por la tendencia de seguir una simple metodología de diez pasos. Pero me pregunto si una fórmula normativa fácil para criar hijos sanos siquiera es posible. ¿Confiaré en los mejores académicos para su futuro? Tal vez centraré mi atención en desarrollar sus dones, talentos y habilidades. Aunque me vea tentada a usar una estrategia mundana para la crianza de los hijos, en el fondo sé muy bien que esos fundamentos son inestables en el mejor de los casos.

Me arrepiento de la confianza que erróneamente he puesto en los métodos de este mundo. He invertido demasiado tiempo, energía y recursos, y he recibido demasiado poco a cambio. No quiero lo que el mundo dice que es lo mejor para mis hijos, sino lo que tú me has mostrado que es eternamente lo mejor. Quiero que mis hijos vivan de una manera que te agrade. Dame gracia para confiarlos a ellos y a su futuro de acuerdo con lo que tú dices en tu Palabra.

Algunas naciones se jactan de sus caballos y sus carros de guerra, pero nosotros nos jactamos en el nombre del SEÑOR nuestro Dios. SALMO 20:7

⚙ **Una oración acerca de las DISTRACCIONES**
Cuando anhelo estar totalmente atenta a ti

PADRE:

Anhelo estar distraída. Es decir, por ti. Parece que a menudo estoy más distraída que enfocada, pero frecuentemente no es por lo que es más valioso. En lugar de pensar en ti de vez en cuando, entre las muchas otras cosas que compiten por mi atención, me gustaría darle vuelta a esos hábitos y hacer que tú seas mi gran distracción.

¿Podrías interrumpir cualquier cosa que amenace con alejarme de ti? Interrumpe cualquier sueño que no sea de ti y reemplázalo con lo mejor que tienes para mí. Y si comienzo a creer en cualquier línea de pensamiento que no te honre, párame en seco, sin importar lo que eso requiera. Lléname de los intereses que llenan tu corazón. Inúndame con la realidad de ti mismo. Báñame de tu presencia y gloria. Sé mi prioridad número uno, mi pasatiempo favorito, mi relación más preciada, mi anhelo más apasionado, mi realización completa, mi único Señor y el significado de mi vida. Hoy y para siempre, ¿podrías darle un nuevo significado a la «distracción» y ser tú la mayor de todas?

Los que son controlados por el Espíritu Santo piensan en las cosas que agradan al Espíritu. ROMANOS 8:5

※ **Una oración acerca de los CELOS**
Cuando mi hija envidia a los demás

SEÑOR:

Los años de la adolescencia pueden ser desafiantes y dolorosos. Ver a mi hija batallar con la envidia y las comparaciones mientras pasa por los incómodos y dolorosos años de la pubertad me hace recordar lo importante que es arraigar mi identidad en ti.

Tú creaste a cada uno de tus hijos para que tenga fortalezas y talentos individuales. Ninguna persona está diseñada exactamente igual que otra, para que todos puedan contribuir al mundo de una manera única. Recuérdame que destaque sus habilidades, las que ella frecuentemente dice que no son nada especiales, son dones de ti, diseñados para iluminar su vida y la de las personas que la rodean. Ayúdame a afirmar a mi hija, de manera que ella sepa que es bella tal como es y que no tiene que ser como nadie más. Gracias por amarla y por caminar con ella a través de los desafíos de estos años.

Miren con cuánto amor nos ama nuestro Padre que nos llama sus hijos, ¡y eso es lo que somos! I JUAN 3:1

⚙ Una oración acerca del REMORDIMIENTO
Cuando me siento atribulada por el pasado

DIOS:

Esta noche me siento casi paralizada por mis errores y pecados pasados. Las consecuencias de mis malas elecciones y decisiones siguen propagándose en mi vida hoy. Pongo mis pecados a tus pies y te pido que me limpies y que los lances tan lejos como el oriente está del occidente, tal como lo prometes en tu Palabra. Luego ayúdame a descansar, sabiendo que mañana será una oportunidad nueva para olvidar el pasado y anhelar el futuro.

No, amados hermanos, no lo he logrado, pero me concentro únicamente en esto: olvido el pasado y fijo la mirada en lo que tengo por delante. FILIPENSES 3:13

DÍA 7 *Momento de oración*

⚙ Una oración acerca del PODER DE DIOS
Cuando me siento maravillada

DIOS:

Me maravillo por tu majestad y tu creación. Tú estás consciente de los detalles más pequeños, desde las uñas perfectamente formadas de mi pequeño bebé hasta los colores vivos de cada puesta del sol. Estoy muy orgullosa de llamarte mi Padre celestial. Por favor, dame la audacia hoy para hablarle a alguien de tu poder sin igual.

¡Oh SEÑOR Soberano! Hiciste los cielos y la tierra con tu mano fuerte y tu brazo poderoso. ¡Nada es demasiado difícil para ti! JEREMÍAS 32:17

DÍA 8

⚙ Una oración acerca de la ENVIDIA
Cuando siento que la envidia me encoge el corazón

SEÑOR:

Tu Palabra dice que la envidia lleva a la maldad de *toda* clase.
¿En serio? Yo sé que la envidia se siente terrible, pero pensar
que todas las demás maldades juegan en el mismo parque
de juegos que la envidia, ¡vaya! Eso le da un nuevo giro a la
necesidad de deshacerse de ella a toda costa. Cuando siento
la punzada de la envidia, me doy cuenta de que se encoge mi
habilidad de ser una amiga firme. También siento que mi
atractivo se desvanece. Absolutamente nada bueno sale de
tener sentimientos negativos por las bendiciones que otros
disfrutan. Yo quiero ser buena y saludable, por el beneficio
de mi propio espíritu, así como por los demás.

Así que, Padre, me comprometo a una estrategia de
cero tolerancia con la envidia en mi vida. Sé que sacará
sus colmillos otra vez, porque soy humana. Pero cuando lo
haga, por favor afila mis armas para contraatacar. Por favor,
ayúdame a convertir las emociones negativas en fortaleza
para batallar y ganar con la verdad de que, dichosamente,
soy tuya. Tú me haces prosperar cuando me enfoco en ti.
Ayúdame a profundizar en ti hasta que pueda aclamar a
los demás sin reservas, aunque no tenga los mismos dones
en mi vida. Y, Señor, confío en que al obedecerte en esto
tendré ricas bendiciones en mi corazón y mis relaciones.

*Donde hay envidias y ambiciones egoístas, también habrá
desorden y toda clase de maldad.* SANTIAGO 3:16

☼ Una oración acerca del EQUILIBRIO
*Cuando el mundo me hace dudar del valor de la
esperanza*

PADRE:

A veces soy pesimista en cuanto a la vida porque el mundo
está muy confundido. Cuando la sociedad está orientada
a apartar a mi familia de ti, no me siento muy amable con
los que te menosprecian a ti y a los tuyos. A veces olvido
que mi esperanza está en ti, no en la humanidad ni en esta
existencia terrenal. Pero Dios, si me adhiero a tu verdad y
permito que mi corazón esté manchado de resentimiento
hacia los que se oponen a ti y que aún te necesitan, entonces tengo un problema. No acercaré a otros a ti siendo
pesimista. Este mundo necesita ver vidas transformadas
por ti, y yo quiero ser una de esas vidas.

    ¿Podrías, por favor, ayudarme a equilibrar el vivir con
los ojos muy abiertos y el reflexionar en tu amable corazón
de esperanza, para que no pierda mis energías con el pesi-
mismo? Si mi esperanza en realidad está en ti y no en esta
vida tambaleante, entonces puedo aferrarme a tu verdad
con un corazón amable.

*Que todo mi ser espere en silencio delante de Dios, porque en
él está mi esperanza.* SALMO 62:5

☀ Una oración acerca de honrar a nuestros **PADRES**
Cuando fallo al no considerar a los que me dieron la vida

PADRE:

Perdóname cuando mis palabras sean cortas y mi paciencia sea aún más corta al tratar con mis padres. Muchas veces me agobia su necesidad y el deseo de monopolizar mi tiempo. Aun así, me siento conmovida por las interminables horas que ellos pasaron cuidándome. Fueron muy pacientes, incluso cuando yo di por sentada su paciencia. Generosamente proveyeron para mis necesidades y muchos de mis deseos.

Dame gracia para considerar sus necesidades como más importantes que las mías. Hazme ver formas creativas de encargarme de sus necesidades, como Cristo se ha encargado de las mías. Ayúdame a recordar que soy un ejemplo para mis propios hijos de lo que significa honrar a sus padres en las maneras que decido descuidar u honrar a mis propios padres. Que yo busque honrar tu Palabra en este asunto. Al hacerlo, también honraré inevitablemente a mi padre y a mi madre. Gracias, Señor, porque este mandamiento lleva a una promesa. Esta es una promesa que anhelo: que me des una vida rica, plena y desbordante de bendiciones de tu mano generosa.

Honra a tu padre y a tu madre. Entonces tendrás una vida larga y plena en la tierra que el SEÑOR tu Dios te da.
ÉXODO 20:12

☼ Una oración acerca de la LEALTAD
Cuando vuelvo a pecar

SEÑOR:

Aun cuando constantemente te ignoro y peco contra ti, tú constantemente me perdonas y bendices mi vida. No puedo ni comenzar a comprender esa clase de lealtad. Tengo un pequeño vistazo de ella cuando mi hijo tiene un berrinche o me trata mal. El amor realmente triunfa sobre todas las ofensas. Enséñame, al seguir tu ejemplo y por el poder de tu Espíritu, a ser perdonadora, leal y digna de confianza en medio de las circunstancias difíciles.

Ayúdame a enseñar a mis hijos el valor de la lealtad y el perdón, en lugar de guardar resentimientos cuando los ofenden. Te pido que aprendan a buscarte temprano por la gracia que necesitan para ser misericordiosos con los que los han decepcionado. Gracias por el don del perdón, y gracias por no alejarte nunca de mí ni de mis hijos.

Él es la Roca, sus obras son perfectas. Todo lo que hace es justo e imparcial. Él es Dios fiel, nunca actúa mal; ¡qué justo y recto es él! DEUTERONOMIO 32:4

DÍA 12

☼ Una oración acerca de las SORPRESAS
Cuando me impresiono demasiado fácilmente

SEÑOR:

Temo que como familia nos hemos recreado hasta la ruina. Casi todos los días, los aspectos rutinarios de la vida nos impresionan con demasiada facilidad. En otras ocasiones, la monotonía de la vida nos adormece con un letargo tedioso. Pero gracias, querido Señor, porque nos liberas de nuestro pensamiento complaciente. Esta noche pintaste el cielo con la puesta del sol más vibrante. Por un momento, en realidad nos detuvimos y nos impactó la gloria de tu creación.

Señor, por favor pon en nuestros días momentos que nos hagan asombrarnos por ti. Ayúdanos a regocijarnos en la maravilla de tus caminos. Cuando estemos absortos en los detalles minuciosos de la vida, ayúdanos a recordarnos unos a otros que cada momento tiene el potencial de ser un momento sagrado de Dios. Aumenta nuestro deleite en ti cuando nuestros corazones estén hastiados o sean pesimistas. Gracias, Dios, por sorprendernos con tu gloria y esplendor. Gracias por la habilidad de ver cómo la gente y las experiencias comunes realmente pueden demostrar ser bastante gloriosas.

El asombro se apoderó de todos, y quedaron pasmados. Y alababan a Dios exclamando: «¡Hoy hemos visto cosas mara-villosas!». LUCAS 5:26

✺ Una oración acerca del COMPROMISO
Cuando tu fidelidad me cambia

PADRE CELESTIAL:

Cuando anhelo sentirme protegida en medio del cambio y lo desconocido, me encanta reflexionar en tu compromiso conmigo. Tú cumples tus promesas de cuidar de mí y de mi familia porque somos tuyos. Cuando me enfoco en tu protección constante, soy transformada. Mi fe se estimula y mis temores se mitigan. Gracias por permanecer fiel a todas las promesas que has hecho.

Con sus plumas te cubrirá y con sus alas te dará refugio. Sus fieles promesas son tu armadura y tu protección. SALMO 91:4

DÍA 14 *Momento de oración*

✺ Una oración acerca de los RECUERDOS
Cuando tengo que ser intencional

SEÑOR:

Parece que apenas fue ayer cuando traje a este niño a casa conmigo. Es tan fácil quedar tan enredada en las actividades del día a día que olvido captar cada momento. Ayúdame a crear recuerdos positivos para mi hijo y para mí, para que no deje pasar los días rápidamente sin marcar la etapa en la que mi hijo está ahora mismo. Ayúdame a recordar que debo detenerme para celebrar las cosas pequeñas.

Vivan sabiamente entre los que no creen en Cristo y aprovechen al máximo cada oportunidad. COLOSENSES 4:5

☀ Una oración acerca del SERVICIO
Cuando quiero que me sirvan en lugar de servir yo

PRECIOSO SEÑOR:

La nieve trae la promesa de un suelo lodoso. Mis hijos muy rápidamente dejan huellas como evidencia del mundo externo frío y húmedo. Mientras trapeo el piso una vez más, admito que frecuentemente mi servicio para mi familia en realidad no se trata de ti. Soy poco entusiasta en mi esfuerzo de ayudar. Mi logro de tener un piso limpio por un momento no es el único servicio que tú requieres de mí.

Ayúdame a ver que mi trabajo por mi familia y por los demás en realidad puede ser un acto de adoración. En las cosas más sencillas, como trapear, puedo demostrarles a mis hijos que mi corazón es completamente tuyo. Tú me has dado aliento y la habilidad de trabajar como si fuera para ti. Cuidar de las necesidades de mi hogar es un privilegio que algunos en este mundo no tienen. Cambia mi perspectiva hoy, mientras enfrento las muchas tareas conocidas y desconocidas que tengo ante mí.

¿Qué requiere el SEÑOR tu Dios de ti? Solo requiere que temas al SEÑOR tu Dios, que vivas de la manera que le agrada y que lo ames y lo sirvas con todo tu corazón y con toda tu alma.
DEUTERONOMIO 10:12

☼ Una oración acerca de la CRIANZA DE LOS HIJOS
Cuando encuentro gozo en el camino

SEÑOR:

Ser madre es una de las cosas más difíciles que alguna vez haya hecho, pero ha sido la experiencia más gratificante y llena de gozo que he enfrentado. Mi hijo puede ser exasperante y agotador en un momento, pero puede hacerme sonreír y reír al siguiente. El amor que siento por este niño va más allá de cualquier cosa que pudiera haber imaginado.

El pensamiento de que tú me amas exponencialmente más de lo que yo amo a mi propio hijo es increíble. Independientemente de las veces que te haya decepcionado, tú nunca te das por vencido conmigo. Me amas incondicionalmente y me das gracia más de lo que yo pudiera obtener o merecer. Gracias por ser mi Padre amoroso y por enseñarme a criar a mi propio hijo a través de tu ejemplo. Moldéame para que llegue a ser más como tú todos los días y le demuestre amor incondicional a mi hijo como tú me lo has demostrado. Gracias por el regalo de esta preciosa vida que me has confiado.

Todo lo que es bueno y perfecto es un regalo que desciende a nosotros de parte de Dios nuestro Padre, quien creó todas las luces de los cielos. Él nunca cambia ni varía como una sombra en movimiento. SANTIAGO 1:17

☀ Una oración acerca de ESCUCHAR
Cuando no logro escucharte

SEÑOR:

¡A veces siento que hablo con una pared! Mi hija adolescente cree que lo sabe todo, y yo veo con impotencia cómo toma malas decisiones. Quisiera que simplemente me escuchara y atendiera a la perspectiva que puedo aportar a la situación. Pero ¿acaso no te trato exactamente de la misma manera? Obstinadamente insisto en forjar mi propio camino e ignoro tu voz callada que me insta a detenerme y a escuchar tu sabiduría. Creo que sé más que nadie, y luego me sorprendo cuando me doy cuenta de que he tomado una mala decisión.

Ayúdame a detenerme para consultarte cuando enfrento las decisiones grandes y pequeñas de la vida. Hazme recordar que tú tienes una perspectiva que yo no tengo y que puedes ayudarme a evitar el dolor si simplemente te escucho y sigo tu guía. Gracias por amarme a pesar de mi obstinación. Guía mi camino hoy.

Hijo mío, presta atención a lo que digo y atesora mis mandatos. Afina tus oídos a la sabiduría y concéntrate en el entendimiento. Clama por inteligencia y pide entendimiento. Búscalos como si fueran plata, como si fueran tesoros escondidos. Entonces comprenderás lo que significa temer al SEÑOR y obtendrás conocimiento de Dios. PROVERBIOS 2:1-5

❁ Una oración acerca de los DONES ESPIRITUALES
Cuando debo apreciar las habilidades de otros

DIOS:

Estar en esta familia produce una riqueza de bendiciones, así como una diversidad de desafíos. Nos has colocado divinamente juntos para formarnos a tu imagen. Cada miembro de nuestra familia tiene distintos dones espirituales, todos necesarios y complementarios. Pero, Señor, tenemos que entender y apreciar mejor las contribuciones de cada uno. Por favor, concédenos paciencia y humildad para aprender a trabajar juntos de una mejor manera, en armonía.

Te agradezco por darle a mi esposo el don del liderazgo. ¿Dónde estaríamos sin el don de servicio de mi hijo para muchos otros y para nosotros? Sigue formando el corazón de mi hija para la misericordia y la justicia. Estoy agradecida por las oportunidades para ejercer el don de hospitalidad con nuestra familia de la iglesia. Perdónanos cuando nos malentendemos mutuamente y cuestionamos los motivos de otro. Y, por favor, danos el privilegio, Señor, de servirnos unos a otros, juntos, para tu gloria.

Dios, de su gran variedad de dones espirituales, les ha dado un don a cada uno de ustedes. Úsenlos bien para servirse los unos a los otros. 1 PEDRO 4:10

☼ **Una oración acerca de la FATIGA**
   Cuando necesitamos nuevas fuerzas de ti

PADRE:

Ahora mismo quisiera que mi familia cansada y yo pudiéramos envolvernos en tus brazos y quedarnos dormidos, abrazados por ti, por mucho, mucho tiempo. Nuestro hogar está desgastado. Me cuesta dirigir bien porque estoy al final de mi fortaleza. Tú nos ves. Tú sabes. Hace mucho tiempo, cuando inspiraste a Isaías para que escribiera los versículos de hoy, veías a mis hijos como están ahora. Incluso ellos están desgastados por el estrés, el ritmo diario, las presiones.

Señor, aumenta nuestra confianza. Por favor, comienza con ese regalo para que podamos encontrar nueva fortaleza en ti. Ayúdanos a remontar vuelo otra vez, con alas fuertes que tú sostienes. Ayúdanos a correr con energía renovada y revitalízanos para que demos cada paso de nuestros días llenos de entusiasmo y completamente recargados. No sé cómo ocurrirá esto. Todavía estoy cansada. Pero nos colocamos bajo tu misericordia para que nos muestres cómo harás estos milagros en nosotros. Gracias, Señor.

Hasta los jóvenes se debilitan y se cansan, y los hombres jóvenes caen exhaustos. En cambio, los que confían en el SEÑOR encontrarán nuevas fuerzas; volarán alto, como con alas de águila. Correrán y no se cansarán; caminarán y no desmayarán. ISAÍAS 40:30-31

✺ Una oración acerca de los MODELOS A SEGUIR
Cuando deseo regularidad en mi caminar

SEÑOR:

Después de una semana larga, confieso que levantarme temprano para pasar tiempo contigo es un desafío. Sé que necesito desesperadamente este reabastecimiento para seguirte cada día. Siempre estoy consciente de que unos ojos pequeños también observan mis hábitos. Señor, te pido que yo sea un buen ejemplo espiritual que mis hijos puedan seguir mientras buscan caminar contigo.

Amados hermanos, tomen mi vida como modelo y aprendan de los que siguen nuestro ejemplo. FILIPENSES 3:17

DÍA 21 *Momento de oración*

✺ Una oración acerca de la PACIENCIA
Cuando estoy frustrada

SEÑOR:

Con demasiadas cosas en mi lista de pendientes para hoy, me doy cuenta de que me irrito y pierdo la compostura con demasiada facilidad. Ayúdame a conectarme con tu Espíritu y tu ilimitada provisión de paciencia. Yo soy incapaz de hacerlo por mi cuenta.

Que el Señor les guíe el corazón a un entendimiento total y a una expresión plena del amor de Dios, y a la perseverancia con paciencia que proviene de Cristo. 2 TESALONICENSES 3:5

DÍA 22

☀ Una oración acerca del DISCERNIMIENTO
Cuando necesito una visión clara en cuanto a lo bueno frente a lo mejor

JESÚS:

¿Por qué es tan tentador para mí conformarme con algo menos que lo mejor? En un mundo que me impulsa a lograr el éxito, a ser la número uno, a querer más, más y más, me encuentro aferrándome a mucho de lo que no satisface completamente. Así es el enigma humano, supongo.

Pero, Señor, no quiero caer en esas viejas trampas del enemigo que hacen que algo defectuoso parezca reluciente y digno de codiciarlo. Por favor, dame discernimiento para ver, más allá de la vista superficial, las consecuencias de no ponerle atención a la guía de tu Espíritu para mí y mi familia. Más allá de simplemente ayudarme a entender qué es lo mejor, por favor exprésame tu voluntad para buscar esas cosas, ya sea que implique relaciones sociales, inversiones materiales, enfoque espiritual, manejo de tiempo o cualquier otro elemento de la vida. Exhibe mis pensamientos y sentimientos más íntimos.

Y te pido que aumentes la habilidad de mis hijos de discernir tu voz entre todas las demás y que les des pasión por tus estándares más altos de amor y piedad. Gracias por tu don de discernimiento que da vida. Que no nos perdamos nada de lo que tienes para nosotros.

La palabra de Dios es viva y poderosa. Es más cortante que cualquier espada de dos filos. [...] Deja al descubierto nuestros pensamientos y deseos más íntimos. HEBREOS 4:12

☼ Una oración acerca de la ADORACIÓN
Cuando necesito reconocer el reino y el reinado de Dios

PADRE:

Te alabo porque tú eres digno de alabanza. Tú eres mi Rey que se sienta en el trono. Tú gobiernas y reinas soberanamente sobre toda la creación y sus criaturas. Mi única reacción correcta es inclinarme ante tu santidad. Reconozco que tú eres Dios, no yo. Tú me formaste y conoces los detalles más complejos de mí. Tú me elegiste para ser tuya antes de que se sentaran los cimientos de la tierra. Tus caminos son más altos y profundos de lo que yo jamás podría comprender.

Que mis amigos y mi familia vean, a través de las decisiones que tomo, la evidencia de tu reinado supremo en mi vida. Perdóname por las veces que trato de sentarme en el trono. Destróname, y destrona mis programas y planes egocéntricos. Estoy muy agradecida por las muchas maneras en las que tu Palabra es una lámpara para mis pies y una luz para mi camino. Tus caminos son rectos y perfectos y demandan mi lealtad perpetua a ti.

Vengan, adoremos e inclinémonos. Arrodillémonos delante del Señor, nuestro creador. SALMO 95:6

DÍA 24

☼ **Una oración acerca del DIEZMO**
Cuando me veo tentada a dudar de la provisión de Dios

SEÑOR:

«Comparte plenamente, porque todo es del Señor» es una actitud con la que mi esposo y yo quisiéramos vivir. Aunque hemos buscado seguir esto a través de los años, admito que no me siento tan obligada a compartir como solía sentirme. Gradualmente he cerrado mis puños alrededor de todas tus provisiones misericordiosas para mí. Pero ¿qué importa realmente si alguien usa mal una de mis posesiones? De todas formas, todo te pertenece a ti.

Te encomiendo, Señor, mi deseo de liberar mi control sobre las cosas de este mundo. Desarrolla en nuestro hogar un patrón de darte una ofrenda de los primeros frutos de nuestro trabajo. Aumenta la capacidad de nuestro corazón de dar a los demás. Recuérdanos a mis hijos y a mí que si no tenemos lo que percibimos que necesitamos, en realidad no lo necesitamos. Tú has prometido que, a medida que soltamos el control sobre todo lo que has dado y a medida que lo dediquemos a tu servicio, tú nos asombrarás con la efusión de tus bendiciones.

«Traigan todos los diezmos al depósito del templo, para que haya suficiente comida en mi casa. Si lo hacen —dice el SEÑOR de los Ejércitos Celestiales—, les abriré las ventanas de los cielos. ¡Derramaré una bendición tan grande que no tendrán suficiente espacio para guardarla! ¡Inténtenlo! ¡Pónganme a prueba!» MALAQUÍAS 3:10

✹ Una oración acerca del CONSUELO
Cuando necesito saber que te importa

SEÑOR:

A veces me siento agotada por la necesidad de otros. La compasión no siempre llega fácilmente, especialmente cuando siento como si constantemente estuviera levantando a alguien del suelo, emocionalmente. Pero entonces, cuando a mí me toca sentirme débil, me pregunto si tengo el mismo efecto en los demás. ¿Te agoto? No, yo sé que tu amor es ilimitado.

Gracias por la imagen en tu Palabra de que te inclinas para oírme. Me permite ver que tú realmente quieres consolarme. Al igual que la mayoría de la gente, anhelo compasión, y cuando sé que tú no te desanimas por mis debilidades, me siento atraída a amarte más. Gracias por escucharme, por acercarte cuando te llamo. Saber que quieres ayudarme marca una gran diferencia en mi esperanza e incluso en mi habilidad de verme fortalecida una vez más. Por favor desarrolla mi corazón para que ofrezca esa clase de aceptación y consuelo a los demás cuando sufren.

Amo al SEÑOR porque escucha mi voz y mi oración que pide misericordia. Debido a que él se inclina para escuchar, ¡oraré mientras tenga aliento! SALMO 116:1-2

⚙ **Una oración acerca de las PRUEBAS**
Cuando fracaso la prueba de tener un corazón íntegro

DIOS TODOPODEROSO:

El tiempo ha volado y ahora nos acercamos a la aventura más desafiante: lanzar a nuestros hijos a la universidad. Estos últimos años han estado llenos de difíciles desafíos académicos y de ilimitadas actividades extracurriculares. A veces cuestiono la meta o el propósito que parece que hemos estado buscando. ¿Se trata estrictamente de lograr altas calificaciones en los exámenes? Tal vez la cultura proyecta la idea de que un número o una condecoración define el verdadero éxito. Temo que esta es una prueba en la que fallamos cada vez.

Mientras nos rodea la presión constante de medir las habilidades y los logros, que siempre seamos conscientes de que tú no valoras las medidas externas como lo hacemos nosotros. Tú estás íntimamente involucrado en una prueba más grande, una que determina qué es lo que nos cautiva. Examina nuestros corazones para ver si hay algún pensamiento o intención perversos. Revélanos los lugares de nuestro corazón que estén divididos o que sean desleales a ti. Perdónanos por permitir que algunas áreas de nuestra vida se paralicen por la ansiedad y la falta de confianza. Gracias porque aunque fallamos frecuentemente en la prueba de la fe sincera, tu amor es inagotable.

Examíname, oh Dios, y conoce mi corazón; pruébame y conoce los pensamientos que me inquietan. SALMO 139:23

⚙ Una oración acerca del DESCUIDO
Cuando te ignoro

SEÑOR:

He estado tan ocupada con los desafíos y las demandas de la vida diaria que no he priorizado mi relación contigo como me gustaría hacerlo. Anhelo pasar tiempo contigo, oh Dios, y permitir que mis raíces se profundicen en ti, pero dejo que otras cosas se interpongan en el camino. Perdóname por estar ausente. Guíame hoy a tu presencia siempre amorosa y llena mi alma con tu presencia y tu paz.

Le pido a Dios, fuente de esperanza, que los llene completamente de alegría y paz, porque confían en él.
ROMANOS 15:13

DÍA 28 *Momento de oración*

⚙ Una oración acerca de la HUMILDAD
Cuando creo que yo sé más que nadie

SEÑOR:

Dentro de mí, creo que sé qué es lo mejor para mi hijo. Es fácil convencerme a mí misma de que mis años de sabiduría y experiencia de vida me capacitan para sentirme de esta manera. Pero en lo profundo sé que este sentimiento está arraigado en el orgullo, que a ti no te agrada en absoluto. Por favor, quítame todo rastro de orgullo en la crianza de mis hijos y reemplázalo con la humildad y la dependencia agradecida en ti. Ayúdame a buscar tu guía en lugar de mi propia voluntad.

[Dios] guía a los humildes para que hagan lo correcto; les enseña su camino. SALMO 25:9

☼ Una oración acerca de la MOTIVACIÓN
Cuando necesito ánimo

PADRE:

Una vez más, me veo batallando para encontrar mi propia identidad. Invierto todo mi tiempo cuidando a mi hijo y a mi familia, y me estoy extraviando. Me siento agotada por la monotonía de los días que paso cambiando pañales, limpiando una casa desordenada y tratando de hacer que mi hijo se duerma. Parece que cada día desemboca en el siguiente. No puedo evitar preguntarme, ¿estoy logrando algo que valga la pena, o lentamente estoy renunciando a cualquier oportunidad de seguir los sueños que alguna vez tuve? Estoy exhausta y no veo ninguna luz al final.

Necesito tu recordatorio de que tú ves todo lo que hago cada día y de que nada de eso es en vano. Tú tienes un plan para mi vida y para los talentos y las habilidades que me has dado. Tomar tiempo para desarrollar a mi familia tiene valor y mérito, más allá de lo que puedo ver en este momento. Ayúdame a recordar que tú quieres que yo dé lo mejor de mí en cada tarea, sin importar cuán pequeña sea, y a confiar en que tú me recompensarás algún día por mis esfuerzos para vivir por ti. Dame un espíritu de gratitud mientras llevo a cabo las tareas rutinarias de mi día. Ayúdame a recordar que soy una demostración viva de tu amor para mi hijo.

Permanezcan fuertes y constantes. Trabajen siempre para el Señor con entusiasmo, porque ustedes saben que nada de lo que hacen para el Señor es inútil. 1 CORINTIOS 15:58

☼ Una oración acerca del AMOR
Cuando enumero mis bendiciones

SEÑOR:

Cuando miro este niñito que me has dado, quedo totalmente sobrecogida de amor, de una manera que nunca antes había experimentado. Eso me ha dado una comprensión totalmente nueva de cuánto me amas. Me entristezco porque muy frecuentemente doy por sentado tu amor y no te doy la reverencia que mereces. Tú eres el Dios todopoderoso, el creador del cielo y de la tierra, y me llamas tu hija.

Gracias por amarme y por proveer para mí. Gracias por bendecirme con este niño precioso. Ayúdame a inculcarle a mi hijo el deseo de seguirte.

Queridos amigos, sigamos amándonos unos a otros, porque el amor viene de Dios. Todo el que ama es un hijo de Dios y conoce a Dios; pero el que no ama no conoce a Dios, porque Dios es amor. Dios mostró cuánto nos ama al enviar a su único Hijo al mundo, para que tengamos vida eterna por medio de él. En esto consiste el amor verdadero: no en que nosotros hayamos amado a Dios, sino en que él nos amó a nosotros y envió a su Hijo como sacrificio para quitar nuestros pecados. I JUAN 4:7-10

✸ **Una oración acerca de la PERSEVERANCIA**
Cuando quiero huir del dolor

SEÑOR:

Cuando las circunstancias llegan a ser difíciles o desafiantes, a veces batallo con el impulso de darme por vencida. Cuando el camino se pone difícil, quiero sentarme y no seguir, en lugar de continuar con las batallas.

Yo creo que tú no me darás más de lo que yo pueda soportar con tu fortaleza, aunque siento que no puedo soportar esto ahora mismo. Mantenme dispuesta a la posibilidad de que tú puedes traer a alguien que me ayude a sobrellevar esta carga. No permitas que mi orgullo evite que acepte ayuda. Mientras tanto, ayúdame a seguir adelante y a perseverar, a pesar de mi fatiga. Recuérdame tu promesa de estar conmigo. Dame el valor y la fortaleza para resistir. Sé mi roca y mi refugio cuando la vida sea difícil. Gracias por darme todo lo que necesito para salir adelante hoy.

Amados hermanos, cuando tengan que enfrentar cualquier tipo de problemas, considérenlo como un tiempo para alegrarse mucho porque ustedes saben que, siempre que se pone a prueba la fe, la constancia tiene una oportunidad para desarrollarse. SANTIAGO 1:2-3

❂ Una oración acerca de la PREOCUPACIÓN
Cuando estoy llena de ansiedad

DIOS:

Tú sabes cuán frecuentemente me siento atrapada en mis pecados pasados. Esta obsesión puede hacer que dude de tu amor y perdón. Y el temor por mi futuro y mi productividad potencial puede llevarme a la desesperación.

Oh, Señor, por favor reemplaza mis dudas con confianza. Quiero estar profundamente convencida en mi alma de que absolutamente nada en el pasado o en el futuro podrá separarme jamás de tu amor. Cuando considere mi pasado, ayúdame a recordar que la sangre de Jesús en la cruz es suficiente para expiar cualquier pecado. Cuando considere mi presente, hazme ver que la ansiedad es una ocasión para dirigirme rápidamente a ti en oración. Cuando me agobie por mi futuro, recuérdame que tú lo tienes firmemente bajo control. Reemplaza mis temores con una fe valiente.

Y estoy convencido de que nada podrá jamás separarnos del amor de Dios. Ni la muerte ni la vida, ni ángeles ni demonios, ni nuestros temores de hoy ni nuestras preocupaciones de mañana. Ni siquiera los poderes del infierno pueden separarnos del amor de Dios. ROMANOS 8:38

※ Una oración acerca de la PACIENCIA
   Cuando solo quiero descansar

SEÑOR:

La medianoche no es mi tiempo favorito. Cuando oigo los llantos exigentes de mi bebé, me siento muy cansada y frustrada. No quiero salir de mi cálida cama para atender las necesidades de alguien más. Me doy cuenta de que pierdo la paciencia y me enojo. Sé que este tiempo es precioso y pronto anhelaré el tiempo a solas con mi pequeña, abrazándola en la mecedora, pero hoy solo quiero paz y tranquilidad.

Ayúdame a bajar la velocidad y obtener la perspectiva apropiada. Hazme recordar que esto pasará, y demasiado pronto mi hija ya habrá crecido. Dame paciencia para lidiar con la falta de sueño y ayúdame a no desquitarme con mi hija inocente. Inúndame de tu amor.

Sean siempre humildes y amables. Sean pacientes unos con otros y tolérense las faltas por amor. Hagan todo lo posible por mantenerse unidos en el Espíritu y enlazados mediante la paz. EFESIOS 4:2-3

☼ Una oración acerca de la PREOCUPACIÓN
Cuando estoy agobiada por la preocupación

MI SALVADOR:

Mi mente corre a gran velocidad mientras considero mi situación desde todos los ángulos. No sé dónde buscar respuestas, por lo que acudo a ti por sabiduría. Rindo mi deseo de controlar esta situación. Tu Palabra me anima a confiar en tu plan perfecto para mi vida. Dame la gracia para cambiar mis problemas por tu paz.

La preocupación agobia a la persona; una palabra de aliento la anima. PROVERBIOS 12:25

DÍA 35 *Momento de oración*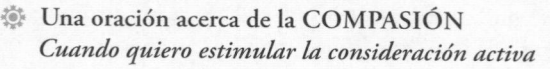

☼ Una oración acerca de la COMPASIÓN
Cuando quiero estimular la consideración activa

SEÑOR:

Por favor, ayuda a mis hijos a entender que la compasión implica acción. A veces, la acción quiere decir oración y solo oración. Pero la verdadera compasión frecuentemente requiere entrar al problema de alguien, escuchar atentamente, ofrecer ayuda aun cuando sea inconveniente y trabajar para ver la situación desde el punto de vista de alguien más. Por favor, ayúdame a enseñarle a mi familia a ser compasiva a través de la forma en la que los atiendo a ellos y a los demás que me rodean.

Ayúdense a llevar los unos las cargas de los otros, y obedezcan de esa manera la ley de Cristo. GÁLATAS 6:2

⚙ **Una oración acerca de los HÁBITOS**
   Cuando mi comportamiento me avergüenza

SEÑOR:

Me siento muy culpable cuando veo que mis hijos adquieren mis malos hábitos. No importa cuál sea el mal hábito y qué tan lindos parezcan cuando lo hacen, es un recordatorio feo de mi propio pecado. No quiero transmitirles malos hábitos a mis hijos. Quiero que ellos sean reflejos del fruto de tu Espíritu.

Ayúdame a enfocar mis pensamientos en ti, para que otros puedan ver tu reflejo en mí. Brilla a través de mí, para que ellos puedan aprender a ser pacientes y amables, gentiles y con dominio propio. Tú eres el ejemplo supremo tanto para mí como para mis hijos. Gracias por guiar nuestro camino. Ayúdame a entregarte mis hábitos pecaminosos para que puedas moldearme y formarme a tu semejanza.

Ya que han oído sobre Jesús y han conocido la verdad que procede de él, desháganse de su vieja naturaleza pecaminosa y de su antigua manera de vivir, que está corrompida por la sensualidad y el engaño. En cambio, dejen que el Espíritu les renueve los pensamientos y las actitudes. Pónganse la nueva naturaleza, creada para ser a la semejanza de Dios, quien es verdaderamente justo y santo. EFESIOS 4:21-24

DÍA 37

⚙ Una oración acerca del DESGASTE

Cuando veo que mis hijos ejercen demasiada presión sobre sí mismos

JESÚS:

Últimamente he visto que mis hijos caen más en la trampa de nuestra sociedad afanada. Lo que comenzó como una determinación saludable, gradualmente se ha deformado en la presión de tener éxito a toda costa. El equilibrio, el bienestar interno, el enfoque espiritual, el tiempo familiar, el descanso: todo ha sido víctima de la mentira de que debemos trabajar excesivamente para tener éxito.

Señor, mis hijos valen mucho más que este estilo de vida que consume. Por favor, hazles ver que su valor, su éxito, no se define por cuánto se esfuercen. De hecho, si tú no apoyas sus esfuerzos, entonces el desgaste es inevitable. Por favor, enséñales el equilibrio. Si es necesario, hazles bajar la velocidad, pero por favor, ayúdalos a aprender fácilmente para que no necesiten una sacudida mayor que los haga ver su necesidad de tu descanso. Ninguno de nosotros puede correr veinticuatro horas, los siete días de la semana; no nos diseñaste para eso. Gracias por valorar el tiempo de reposo y por darnos ese gran ejemplo de tomar tiempo para lo que es más importante.

Si el SEÑOR no construye la casa, el trabajo de los constructores es una pérdida de tiempo. [...] Es inútil que te esfuerces tanto, desde la mañana temprano hasta tarde en la noche, y te preocupes por conseguir alimento; porque Dios da descanso a sus amados. SALMO 127:1-2

DÍA 38

☼ Una oración acerca de JUZGAR A LOS DEMÁS
   Cuando necesito un recordatorio de cómo Dios los ve

SEÑOR JESÚS:

Aprendo mucho mirando a los niños que me rodean. Es tan fácil para ellos parlotear y acusar. Ellos quieren que un padre intervenga y haga que la otra persona haga lo que ellos quieren que haga.

¿Qué tan frecuentemente hago yo lo mismo? Veo que los demás actúan de una manera que merece corrección o una reprimenda. Quiero que bajes y que los corrijas. Recuérdame que no es mi responsabilidad juzgar el comportamiento de los demás. Ayúdame a enfocarme solo en mi propio comportamiento y mis propios pensamientos mientras me ocupo de mi rutina diaria. Enséñame a amar a los demás de una manera que los atraiga a ti.

Entonces se acercó a Jesús y le dijo: «Maestro, ¿no te parece injusto que mi hermana esté aquí sentada mientras yo hago todo el trabajo? Dile que venga a ayudarme». El Señor le dijo: «Mi apreciada Marta, ¡estás preocupada y tan inquieta con todos los detalles! Hay una sola cosa por la que vale la pena preocuparse. María la ha descubierto, y nadie se la quitará». LUCAS 10:40-42

☼ Una oración acerca de las INFLUENCIAS
Cuando lleno mi mente de basura

JESÚS:

Cada día me asedian imágenes negativas. Ya sean las escenas violentas que veo en la televisión, el constante clamor por más que oigo en los comerciales, o los cuerpos escasamente vestidos que veo en las portadas de las revistas en el supermercado, todas esas fotos y todos esos llamados compiten por mi atención. Aun así, no siempre están llenos de contenido que te agrade.

Es fácil ser absorbida por el chisme más reciente o el programa de televisión del que parece que todos hablan. No quiero sentirme excluida. Pero sé que tu deseo para mí es que mantenga mi mente y mi corazón puros. Una manera de hacerlo es controlar las cosas que veo. Ayúdame a darme cuenta cuándo debo alejarme o apagar algunas de las imágenes del mundo que podrían ser dañinas para mi alma. Al hacerlo, que yo sea un ejemplo de discernimiento y control para mis hijos. Llena mi mente de los pensamientos que tú quieres usar para moldearme y formarme. Ayúdame a reflexionar en ellos y no en las cosas mundanas.

Concéntrense en todo lo que es verdadero, todo lo honorable, todo lo justo, todo lo puro, todo lo bello y todo lo admirable. Piensen en cosas excelentes y dignas de alabanza.
FILIPENSES 4:8

DÍA 40

⚙ **Una oración acerca de las NECESIDADES**
   Cuando me siento abrumada por las demandas

SEÑOR:

Este pequeñito que me has confiado tiene muchas necesidades y no tiene miedo a exigirme que las supla inmediatamente. Solo soy una persona y no puedo serlo todo para este niño, sin importar cuánto lo ame. Me esfuerzo tanto tratando de hacerlo todo, que siento que me derrumbo. Pierdo los estribos o me encuentro a punto de llorar con demasiada facilidad. Tengo que detenerme y dar un paso atrás para tener una perspectiva más amplia.

Ayúdame a evaluar qué cosas tengo que hacer y cuáles puedo dejar. Hazme recordar que no tengo que lograrlo todo sola, sino que está bien pedirle ayuda a los demás. Renueva mi energía y dame la fortaleza para seguir adelante. Trae gente a mi vida que me ayude a llevar la carga durante este tiempo estresante. Y, más importante aún, dame la esperanza de que esto también pasará y que hay días mejores en el horizonte. Sostenme hasta que ese tiempo llegue.

Amo al SEÑOR porque escucha mi voz y mi oración que pide misericordia. Debido a que él se inclina para escuchar, ¡oraré mientras tenga aliento! SALMO 116:1-2

☼ **Una oración acerca de la RESPONSABILIDAD**
Cuando olvido quienes son mis hermanos

DIOS:

Vi tantos rostros conocidos hoy, cuando hacía ejercicio en el gimnasio, cuando salí a mi buzón, cuando estaba de compras en el supermercado. Sin embargo, no estoy segura de la cantidad de personas a las que observé en realidad. Suaviza mi corazón con tu compasión para que ame a las personas que cruzan mi camino. Son mis hermanos y hermanas, y soy llamada a darles tu Buena Noticia.

Luego el SEÑOR le preguntó a Caín: «¿Dónde está tu hermano? ¿Dónde está Abel?». «No lo sé —contestó Caín—. ¿Acaso soy yo el guardián de mi hermano?». GÉNESIS 4:9

DÍA 42 *Momento de oración*

☼ **Una oración acerca del ESPÍRITU SANTO**
Cuando necesito sabiduría

SEÑOR:

No sé qué hacer o cómo manejar esta situación. Va más allá de mis capacidades humanas. Necesito que tu Espíritu guíe mis pasos hoy. Gracias por darme tu sabiduría, que sobrepasa por mucho mi entendimiento.

Les decimos estas cosas sin emplear palabras que provienen de la sabiduría humana. En cambio, hablamos con palabras que el Espíritu nos da, usando las palabras del Espíritu para explicar las verdades espirituales. I CORINTIOS 2:13

❁ Una oración acerca de la OBSTINACIÓN
Cuando necesito un corazón suave y dócil

PADRE:

A veces mi hija es autosuficiente y puede ser muy indepen-diente. Desde sus primeros años, ella siempre quiso hacer las cosas por su cuenta. Debido a mis *propias* tendencias obstinadas, a veces hemos experimentado conflictos por esta batalla mutua. Señor, por favor, ayúdame a ser un ejemplo para ella de la dependencia constante en ti. Tu Palabra dice que cuando confío en ti, inevitablemente, la vida transcurre de mejor manera.

Ayúdame a abandonar mi orgulloso exceso de con-fianza en mis dones. Inclíname para que te oiga, en lugar de poner mi confianza en mis planes autosuficientes. Admito que nunca estaré a la altura de dirigir y contro-lar mi vida o la de mi hija. Mantennos avanzando y no retrocediendo. Danos, a las dos, ocasiones que nos sirvan para abrir los ojos a nuestra necesidad desesperada de tu intervención. No tengo dudas de que, en amor, nos lle-varás al final de nuestros recursos individuales bastante rápidamente. Por favor, haz que nuestros corazones sean obedientes. Empodéranos con tu fortaleza para atender a tu llamado y ser rápidas para obedecer.

«Pero mi pueblo no quiso escucharme. Continuaron haciendo lo que querían, siguiendo los tercos deseos de su malvado corazón. Retrocedieron en vez de ir hacia adelante».
JEREMÍAS 7:24

DÍA 44

☼ Una oración acerca del ESTRÉS
Cuando la tensión me atrapa

PADRE:

Me siento muy sobrecargada por la vida. A medida que el día avanza, en lugar de renunciar a mis preocupaciones, permito que se amontonen, una sobre otra. Con el tiempo, siento que estas cargas me aplastarán. Estas preocupaciones me desorientan y me confunden. ¿Adónde debo ir? ¿Cómo debo sobrellevarlas? ¿Quién tiene mi futuro? Todas estas preguntas nublan mi pensamiento y me dejan sintiéndome abrumada. No estoy segura de si podré cargar con estas preocupaciones un día más.

Perdóname, Padre, por mis caminos independientes y autosuficientes. Frecuentemente vivo como si en realidad pudiera controlar mi mundo y resolver todos mis problemas. Renuncio a mis problemas y los pongo a tus pies. Reconozco que tú, y solo tú, tienes la sabiduría y el poder para lidiar con mis preocupaciones. Ayúdame a descansar firmemente en tu plan providencial. Ayúdame a luchar con la tendencia de vivir esclavizada a mis temores.

Pongan todas sus preocupaciones y ansiedades en las manos de Dios, porque él cuida de ustedes. I PEDRO 5:7

DÍA 45

⚙ **Una oración acerca de las PALABRAS**
Cuando mis palabras no le agradan a Dios

ESPÍRITU:

Confieso que ayer, cuando estábamos sentadas en nuestro grupo pequeño, respondí preguntas con la intención de tratar de impresionar a las demás. Me sentí insegura por ser un ama de casa, y quería que las demás valoraran mis contribuciones. Pero tú, Señor, también escuchaste esas palabras llenas de orgullo. Quiero desesperadamente que las palabras de mi boca te agraden.

Ayúdame a vivir y a hablar de una manera que demuestre al mundo que tengo la audiencia de una sola Persona. Conforma mis pensamientos y reflexiones a tu Palabra para que te deleiten. Cuando sea tentada a poner mi seguridad en la aprobación de otras personas, por favor, hazme recordar que tu opinión de mí es lo único que importa. Tú eres mi terreno sólido y mi ayudador. Llena mi boca de tu alabanza. Guarda mis labios para que digan solo lo que refleja adoración y honra a ti.

Que las palabras de mi boca y la meditación de mi corazón sean de tu agrado, oh SEÑOR, mi roca y mi redentor.
SALMO 19:14

⚙ Una oración acerca de la DECEPCIÓN
Cuando necesito enseñarle a mi hija la verdadera esperanza

SEÑOR:

Lo vi en su rostro otra vez: la decepción por otro de los golpes de la vida. Aun en un año bastante bueno, ella enfrentará decepciones de vez en cuando. Estos han sido unos meses particularmente difíciles., No puedo culparla por sentirse más y más negativa últimamente, y mi corazón siente dolor por ella.

Padre, quiero enseñarle lo que significa colocar su esperanza más profunda en ti, porque cuando nuestros corazones están alineados a lo que tú quieres para nosotros, tú nos revelas que las cosas todavía saldrán bien, incluso mejor. Pero ahora mismo la vida la hace sufrir, Dios. Por favor, ayúdame a tener un equilibro entre entender el dolor de ella y ser un ejemplo de lo que significa esperar firmemente en tu bondad y poder vencedor. Poner su esperanza tenazmente en ti le revelará mucho más de lo que ella puede ver ahora.

Tú tienes planes bellos para ella, Señor. Te alabo por eso y confío en que su esperanza en ti no decepcionará, independientemente de las circunstancias actuales.

La resistencia desarrolla firmeza de carácter, y el carácter fortalece nuestra esperanza segura de salvación. Y esa esperanza no acabará en desilusión. Pues sabemos con cuánta ternura nos ama Dios, porque nos ha dado el Espíritu Santo para llenar nuestro corazón con su amor.
ROMANOS 5:4-5

DÍA 47

☀ Una oración acerca de la PARTICIPACIÓN
Cuando necesito una comunidad

PADRE MÍO:

Criar una familia puede ser agotador y, a veces, el pensamiento de reunirlos a todos y salir por la puerta hacia la iglesia puede ser abrumador. Me veo tentada a faltar a la iglesia y a descansar. Pero tu Palabra me estimula a hacer un esfuerzo para tener compañerismo con otros creyentes.

Tú me haces recordar que reunirse para la adoración colectiva y la enseñanza nutre mi alma y nos ayuda, a mí y a mi familia, a crecer. Tú me haces recordar que el hierro se afila con hierro y que estar con otros creyentes trae la rendición de cuentas a mi vida. Estar con otros me anima a relaciones más profundas. También me haces recordar que yo puedo contribuir en la iglesia, incluso en esta etapa de crianza de los hijos, como voluntaria, dar mi diezmo o incluso simplemente sonriendo y haciendo que los demás se sientan bienvenidos. Estoy muy agradecida por la oportunidad de adorarte cada semana en la compañía de otros que te conocen.

Pensemos en maneras de motivarnos unos a otros a realizar actos de amor y buenas acciones. Y no dejemos de congregarnos, como lo hacen algunos, sino animémonos unos a otros, sobre todo ahora que el día de su regreso se acerca.

HEBREOS 10:24-25

※ **Una oración acerca del EJEMPLO**
Cuando parece que mis palabras caen en oídos sordos

SEÑOR:

Si una imagen dice mil palabras, ayúdame a ser una imagen de tu carácter para que mis hijos la observen. Demasiadas palabras mías los dejan aburridos o enojados, así que, cierra mi boca cuando sea necesario y, en lugar de eso, ayúdame a vivir como un ejemplo de tu santidad. Incluso cuando sus oídos estén cerrados, que sus ojos estén abiertos para observarte a ti en mí.

De la misma manera, dejen que sus buenas acciones brillen a la vista de todos, para que todos alaben a su Padre celestial. MATEO 5:16

DÍA 49 *Momento de oración*

※ **Una oración acerca del REPOSO**
Cuando necesito un día de descanso

DIOS:

Leer acerca del día de descanso me hace recordar que tú reposaste después de crear al mundo y que un día tú me llevarás a mi reposo final. Te confieso mi adicción a mis patrones muy trillados, que hacen que sea difícil obtener tranquilidad y calma durante la semana. Dios, en este día que has apartado para que yo descanse, te pido que me ayudes a aquietar mi cuerpo, mi mente y mi espíritu, mientras renuevas y restauras mi alma.

Dios bendijo el séptimo día y lo declaró santo, porque ese fue el día en que descansó de toda su obra de creación. GÉNESIS 2:3

DÍA 50

☼ **Una oración acerca de SOLTAR**
Cuando necesito ayuda para recordar la meta

PADRE MISERICORDIOSO:

Lo más difícil de criar hijos es darme cuenta de que algún día tendré que soltarlos para que salgan solos al mundo. Me doy cuenta de que quiero agarrarlos y aferrarme a ellos fuertemente. Quiero protegerlos de las realidades de la vida y protegerlos de cualquier cosa mala que pudiera ocurrir.

Necesito ayuda para recordar que, a la larga, mis hijos te pertenecen. Tú has prometido estar con ellos siempre, y tengo que confiar en que tú harás que todas las cosas que les ocurran, tanto positivas como negativas, sean para su bien y su crecimiento. Ayúdame a enseñarles a mis hijos a que sean independientes, dándoles más libertad mientras crecen, para que estén preparados para salir al mundo. Protege mi corazón cuando los veo cometer errores y caerse. Quédate con ellos y echa raíces en sus corazones para que puedan soportar las presiones de la vida. Pero, más que nada, dame fortaleza para soltarlos cuando llegue el momento.

No temas ni te desalientes, porque el propio SEÑOR irá delante de ti. Él estará contigo; no te fallará ni te abandonará.
DEUTERONOMIO 31:8

☼ Una oración acerca de la DETERMINACIÓN
Cuando mis hijos necesitan concentrarse en algo de largo alcance

SEÑOR:

Me encanta que mis hijos descubran algo importante para ellos. Mantenlos apasionados en cuanto a los proyectos más significativos de la vida. Enséñame a nutrir las semillas de pasión por tus intereses, para que todo lo demás en lo que les gusta invertir su tiempo salga de su primer amor por ti. Ayúdalos a buscar reconocer tu voz, y luego mantenlos siguiéndote a medida que crecen. Necesitarán una determinación genuina y duradera para seguir viviendo por tu recompensa en un mundo que intentará arduamente alejarlos de ti.

Permíteles saber que están en una carrera que durará para toda la vida. Libéralos de competir con alguien más y, en lugar de eso, ayúdalos a seguir siendo fieles a ti. Si se desvían por un camino peligroso, con tu gracia, hazlos tropezar. Permite que sus heridas sean las pequeñas heridas de tu disciplina, que los ayudará a evitar las más dolorosas del pecado y el remordimiento. Graba en sus corazones la visión de sí mismos como ganadores de tus recompensas, y permite que esa visión los mantenga decididamente en el camino que lleva a tu corazón.

¿No se dan cuenta de que en una carrera todos corren, pero solo una persona se lleva el premio? ¡Así que corran para ganar! I CORINTIOS 9:24

DÍA 52

☼ Una oración acerca de la IMPORTANCIA
Cuando doy valor a las cosas equivocadas

PADRE CELESTIAL:

Admito que los logros de los demás pueden impresionarme fácilmente y puedo ponerlos rápidamente en pedestales. A veces, esta tendencia hasta cambia la manera en la que me relaciono con ellos. Tú me has declarado culpable de este problema: que rara vez estimo las cosas que tú aprecias. Tiendo a enfocarme más en lo externo, en tanto que tú ves lo que está dentro de una persona.

Perdóname, Señor, por darle trato preferencial a otros. Y purifícame de la comparación con los demás. En tu economía, los primeros serán los últimos, y los últimos serán los primeros. Reconozco que no siempre aprecio ni entiendo tu perspectiva. Dios, renuncio a mi necesidad de sentir como si realmente pudiera entender tu voluntad. Anhelo ver a los demás como tú los ves. Señálame las áreas en las que soy ciega a las cosas que tú consideras dignas y valiosas. Ayúdame a valorar a los demás y a reconocer su importancia.

Muchos que ahora son los más importantes en ese día serán los menos importantes, y aquellos que ahora parecen menos importantes en ese día serán los más importantes. MATEO 19:30

⚙ Una oración acerca de la SANTIDAD
Cuando necesito inspiración

SEÑOR:

Mientras mi hijo crece, quiero darle las herramientas que necesita para caminar en el mundo que lo rodea. Quiero que aprenda a vivir una vida de santidad, separado del mundo. Quiero que aprenda a acudir a ti por guía, no a los medios de comunicación o a sus amigos. Pero la santidad se critica frecuentemente en la sociedad y su definición se ha tergiversado.

Ayúdame a mostrarle que la santidad no tiene que ver con una lista de reglas a seguir. La santidad está arraigada a una relación contigo y a un deseo de agradarte con pensamientos y obras. Tú no le has pedido que sea perfecto. Enviaste a tu Hijo a la tierra a morir por nuestros pecados. Tú ves el corazón. No hay manera de que alguien pueda alcanzar la santidad perfecta alguna vez, porque nadie es santo como tú. Pero podemos acudir a ti para que guíes nuestros pasos cada día y nos ayudes a andar en tus caminos. Ayúdame a enseñarle a mi hijo a que aprenda a ser más semejante a ti cada día.

Ana oró: «¡Mi corazón se alegra en el SEÑOR! El SEÑOR me ha fortalecido. Ahora tengo una respuesta para mis enemigos; me alegro porque tú me rescataste. ¡Nadie es santo como el SEÑOR! Aparte de ti, no hay nadie; no hay Roca como nuestro Dios». I SAMUEL 2:1-2

⚙ **Una oración acerca de la PROTECCIÓN**
Cuando necesito descansar en la protección de Dios

SEÑOR SOBERANO:

Acabamos de regresar a salvo de viajar por el país. Frecuentemente doy por sentado tu cuidado providencial de mí y de mi familia. Gracias por mantenernos a salvo y por las oportunidades de interactuar con muchas culturas y ambientes distintos. Confieso, Dios, que cuando estoy fuera de mis caminos conocidos, puedo sentirme un poco insegura. No tener el control en algún ambiente tiende a ocasionar miedo e incertidumbre en mi corazón.

Cuando mis hijos nacieron, declaré que te pertenecían. En esos momentos estaba segura de que su protección y provisión estaban firmemente bajo tu control. Aun así, con el paso de los años he comenzado a pensar que yo puedo asegurar su protección y seguridad. Perdóname, Señor, por tratar de coordinar las circunstancias que están más allá de mi control. Me siento consolada y animada porque en algunos de tus últimos momentos en la tierra tú tuviste nuestro bienestar y cuidado en el primer plano de tu mente y tu corazón.

«No te pido que los quites del mundo, sino que los protejas del maligno». JUAN 17:15

☀ Una oración acerca de las DISTRACCIONES
Cuando necesito que tú me enfoques

SEÑOR:

En este mundo lleno de intereses que me distraen de ti, permite que tu presencia me mantenga tan asombrada que nada se interponga entre nosotros. Permite que tu Palabra sea mi distracción celestial constante de todo lo que me seduce a lo que no es de ti. Por favor, ayuda también a mis hijos a aprender a enfocarse en ti, para que puedan disfrutar años sin remordimientos, llenos de tu Espíritu.

¡Oh, cuánto amo tus enseñanzas! Pienso en ellas todo el día.
SALMO 119:97

DÍA 56 *Momento de oración*

☀ Una oración acerca del ÁNIMO
Cuando me encantaría sentir tu sonrisa en mí

SEÑOR:

Algunos días parece que por más que me esfuerce, alguien se queja de lo que hago mal o de que no lo hago exactamente de la forma en la que le gustaría. Tú debes sentir que las quejas se dirigen a ti mucho más que yo lo siento. ¿Qué te parece si nos animamos el uno al otro hoy, Señor? Te alabo por ser tan bueno, santo y amable. ¿Podrías, por favor, sonreírme hoy simplemente porque soy tuya?

Le agradó al SEÑOR hacerlos su pueblo. 1 SAMUEL 12:22

⚙ Una oración acerca de la FRUSTRACIÓN
Cuando siento que no puedo seguir adelante

PADRE CELESTIAL:

Hoy ha sido uno de esos días. Mi horario se interrumpió más o menos a la hora del desayuno, y las cosas nunca se normalizaron. Necesito que renueves mi fortaleza y que me recuerdes por qué estoy aquí. Hazme ver la forma en que todos mis esfuerzos y batallas moldean y dan forma no solo a mis hijos sino a mí también, haciéndonos reflejos de ti. Tú me amas y me cuidas y me tienes exactamente donde me quieres.

Gracias por poner a estos niños bajo mi cuidado. Ayúdame a ser un reflejo certero de tu amor continuo en sus vidas. Y que aprendan de mí a acudir a ti por la ayuda y la esperanza que solo un Padre amoroso les puede dar.

También nos alegramos al enfrentar pruebas y dificultades porque sabemos que nos ayudan a desarrollar resistencia. Y la resistencia desarrolla firmeza de carácter, y el carácter fortalece nuestra esperanza segura de salvación. Y esa esperanza no acabará en desilusión. Pues sabemos con cuánta ternura nos ama Dios, porque nos ha dado el Espíritu Santo para llenar nuestro corazón con su amor. ROMANOS 5:3-5

DÍA 58

✳ Una oración acerca de la ADOPCIÓN
Cuando veo a tantos niños en riesgo

PADRE:

No puedo evitar hacer una pausa con esa palabra. Yo no inventé ese nombre para ti; tú mismo te llamas mi Padre celestial. Aprecio lo que significa para mí tu identificación con ese nombre. Tú designaste la paternidad como una función muy importante. Aun así, ¿cuántos niños no saben lo que significa vivir con la seguridad del amor, la guía y la protección de un padre terrenal, mucho menos ser sostenidos por tu cuidado perfecto?

Tú anhelas adoptar a cada uno de nosotros como tu hijo, pero muchos pequeños alrededor del mundo literalmente se mueren, por dentro y por fuera, por ser apreciados, por pertenecer, por identificarse con una familia amorosa. ¿Podrías ser el «Padre de los huérfanos» hoy, como lo prometes en el Salmo 68:5? Haz rebosar el corazón de cada persona que necesite tu cuidado paternal. Rescata, sana y reconstruye las vidas que han sido destruidas por la ausencia del amor. Enséñame a adoptar un papel más activo para amar a un niño necesitado también.

La religión pura y verdadera a los ojos de Dios Padre consiste en ocuparse de los huérfanos y de las viudas en sus aflicciones, y no dejar que el mundo te corrompa.
SANTIAGO 1:27

☼ Una oración acerca del RECHAZO
Cuando me siento excluida

SEÑOR:

El sufrimiento y la decepción de ser excluido una vez más son muy dolorosos para nuestro hijo. Él anhela ser incluido y acogido por el grupo. Ayúdame, Señor, a animarlo para que siga perseverando en desarrollar relaciones con otros. Cuando veo esa mirada de dolor en sus ojos, puedo identificarme con sus sentimientos de soledad y aislamiento. Frecuentemente me pregunto si alguien puede entender cómo nos sentimos.

Gracias, Señor, por ser nuestro Salvador que fue despreciado y rechazado. Te trataron como a un marginado; incluso algunos que alguna vez te siguieron se alejaron de ti. Ser extranjero es algo que tú entiendes y a lo que te sometiste voluntariamente por nuestra causa. Te sacaron por las puertas para sufrir y morir en nuestro lugar, para que pudiéramos estar dentro de tu familia. Señor, tú nos has bendecido, incluso en esta batalla, para participar de tus sufrimientos.

Jesús sufrió y murió fuera de las puertas de la ciudad para hacer santo a su pueblo mediante su propia sangre.
HEBREOS 13:12

✺ Una oración acerca de la ACTITUD
Cuando necesito que cambies por completo la mía

JESÚS:

Batallo con una actitud terrible en estos días. Mi corazón quejumbroso no bendice a nadie. Extraño tener tu actitud de amor y verdad misericordiosa; necesito que me cambies por completo. Ni siquiera estoy segura de por qué mis pensamientos tienden a ir cuesta abajo. Podría echarle la culpa a los acontecimientos, a la incertidumbre en las circunstancias, a los días que no salen bien. Sentirme atascada en mis fallas me está volviendo loca. Mi actitud no permite que la plenitud de tu Espíritu brille a través de mí.

Pero, Señor, tú prometes fortaleza para todas las situaciones. Me encanta que este versículo comience con «En cambio». Deja ver que tú sabes que yo no puedo dar fruto espiritual sin tu ayuda. Por favor, cúbreme con tu verdad, tu esperanza, tu paciencia, tu misericordia y tu gratitud. Transforma los «menos» de mi mente y mi corazón en los «más» de ti mismo. Quita la mala hierba para que los productos de tu Espíritu puedan prosperar. Solo con tu poder puedo tener una actitud como la tuya (Filipenses 2:5). Gracias por no permitir que me sienta satisfecha hasta que obres en mí el crecimiento que necesito. Por favor, ayúdame a ser enseñable para ser bendición para ti y para las personas por las que tú te interesas.

En cambio, la clase de fruto que el Espíritu Santo produce en nuestra vida es: amor, alegría, paz, paciencia, gentileza, bondad, fidelidad, humildad y control propio.
GÁLATAS 5:22-23

DÍA 61

☀ **Una oración acerca de SEGUIR A DIOS**
Cuando quiero ser modelo de tu amor

SEÑOR:

Mi deseo más profundo es ver a mis hijos crecer y seguirte de todo corazón. Sé que puedo ayudar a desarrollar este fundamento en sus vidas al darles el ejemplo de mi relación contigo. Permíteme hacer de nuestro hogar un lugar amoroso, lleno de Cristo, donde puedan aprender acerca de ti. Ayúdame a enseñarles buenos valores y ética. Haz que nuestro hogar sea un refugio del mundo, pero no un lugar para esconderse del mundo.

Incluso ahora, abre oportunidades para que nuestra familia sirva unida en nuestro vecindario, nuestra comunidad o nuestra iglesia, para que mis hijos puedan experimentar el gozo que surge de ayudar a otros y de honrarte. Enséñame cómo crear un equilibrio para ellos, para que puedan permanecer firmes en sus convicciones, sin miedo cuando salgan al mundo como adultos.

«Todo el que escucha mi enseñanza y la sigue es sabio, como la persona que construye su casa sobre una roca sólida. Aunque llueva a cántaros y suban las aguas de la inundación y los vientos golpeen contra esa casa, no se vendrá abajo porque está construida sobre un lecho de roca». MATEO 7:24-25

✲ Una oración acerca de la TERNURA
Cuando necesito dar cuidado amable y paciente

SEÑOR:

¿Por qué reprimo las palabras y las acciones tiernas con mis hijos? Tal vez la causa es mi batalla constante con la impaciencia. Tal vez actúo de esa manera porque siento que no merecen esa consideración debido a su comportamiento. Señor, tú nunca me niegas tu misericordia compasiva. Tu amor inquebrantable sirve como un cerco de protección. Hazme hoy un conducto de tu ternura hacia mis hijos.

SEÑOR, no me prives de tus tiernas misericordias; que tu amor inagotable y tu fidelidad siempre me protejan.
SALMO 40:11

DÍA 63 *Momento de oración*

✲ Una oración acerca del AGRADECIMIENTO
Cuando tengo algo grandioso que compartir

SEÑOR:

Las buenas noticias tienen la tendencia de viajar rápido. Por ejemplo, solo se requiere un momento para compartir la foto de un feliz acontecimiento familiar. Entonces, ¿por qué ha pasado tanto tiempo desde que compartí con otros lo agradecida que estoy porque estás en mi vida? Cultiva en mí la emoción para gritar tu grandeza desde la cima de las montañas. Que todos con quienes me encuentre me oigan alabarte por tu grandeza incomparable.

Den gracias al SEÑOR y proclamen su grandeza; que todo el mundo sepa lo que él ha hecho. SALMO 105:1

DÍA 64

☼ **Una oración acerca de los HIJOS**
Cuando necesito confiártelos

DIOS:

La gente me advirtió que tener hijos me haría ver una clase de amor que nunca antes había sentido. Sus palabras se quedaron cortas. No puedo imaginar otra forma de dejar al descubierto mi corazón tanto como amar a mi hija. Ábreme, derrámame. ¿Puede haber alguna vulnerabilidad mayor que amar al vulnerable, un dolor más feroz que sentir el dolor de ellos, junto con ellos?

Nada me da más miedo que el que mis hijos enfrenten el peligro, la enfermedad o algún accidente que yo no pueda evitar o arreglar. ¿Qué hago con todo eso, Dios? A veces la intensidad de este amor maternal se siente abrumadora. Señor, cuando la incertidumbre y el amor por mis hijos batallan dentro de mí, por favor, inúndame de la paz que solo tú puedes ofrecer, la paz que me lleva al descanso, sabiendo que primero son hijos tuyos. Tú prometes también enseñarles y guiarlos a tu paz. Por favor, dales amor por ti y la disposición de que tú los guíes. Protégelos y guíalos de formas que yo no puedo hacerlo. Ayúdalos a buscar tu rostro incansablemente y llénalos de paz. Y a mí también, Señor.

Yo les enseñaré a todos tus hijos, y ellos disfrutarán de una gran paz. ISAÍAS 54:13

☼ Una oración acerca de las DECISIONES
Cuando mis hijos necesitan aprender el poder de sus elecciones

SEÑOR:

Si pudiéramos tener la sabiduría de la edad siendo jóvenes, ¿cómo podríamos hacer las cosas de modo distinto esos primeros años? Veo a mis hijos que están creciendo y me pregunto cuánto piensan en las decisiones al azar que toman a lo largo del día. A veces me preocupo cuando parece que están ocupados con pasatiempos tontos. La juventud puede estar muy llena de diversión, pero eso también incluye un mundo de tentaciones que pueden llevar a sus corazones inmaduros en direcciones que ellos lamentarán.

Padre, no quiero que mis hijos vivan sus vidas cargadas de remordimientos por las decisiones insensatas que tomaron cuando eran jóvenes. Por favor, graba en ellos el valor de poner atención a tus instrucciones, de respetar las reglas que establezco para su bien. Por favor, no permitas que lleguen a estar tan seguros de sí mismos que crean que tienen todas las respuestas. Y ayúdame a guiarlos sin ocasionarles frustraciones adicionales. Gracias por guiarme mientras hago lo mejor posible para guiarlos.

Hijo mío, nunca olvides las cosas que te he enseñado; guarda mis mandatos en tu corazón. Si así lo haces, vivirás muchos años, y tu vida te dará satisfacción. [...] Confía en el SEÑOR con todo tu corazón; no dependas de tu propio entendimiento. PROVERBIOS 3:1-2, 5

DÍA 66

☀ Una oración acerca de la AUTOESTIMA
Cuando necesito recordar el origen de nuestro valor

DIOS:

He escuchado demasiadas veces el mensaje de que para tener hijos saludables, tenemos que fomentar su autoestima. Dios, aunque amo y aprecio a mis hijos, mi afecto siempre es secundario a tu amor primario por ellos. Tú los amas y los atesoras mucho más de lo que yo podría hacerlo. Tu Palabra les dice que este amor es incapaz de fallar y que dura para siempre.

Dios, estoy agradecida porque tú nos tratas a todos como hijos amados. Estoy agradecida porque tú incluso sabes cuántos cabellos hay en la cabeza de cada uno de nosotros. ¿Cómo podría descansar en la noche si no creyera que tienes un plan amoroso y misericordioso para todas nuestras vidas? Tú vas delante de nosotros, iluminando el camino para que podamos seguirte. Tenemos valor solamente gracias a ti, Señor, y te apreciamos y honramos por la compasión y el cuidado que gratuitamente nos das a cada uno.

Hace tiempo el SEÑOR le dijo a Israel: «Yo te he amado, pueblo mío, con un amor eterno. Con amor inagotable te acerqué a mí». JEREMÍAS 31:3

⚙ Una oración acerca de las LIMITACIONES
Cuando quiero arreglar los problemas de mis hijos

SEÑOR:

Cuando algo le sale mal a mi hija, cómo quisiera poder darle siempre una solución. Me siento muy frustrada cuando quiero arreglarlo y no hay nada que pueda hacer. Cuando mi hija está enferma, quiero poder sanarla inmediatamente. Cuando se siente sola, quiero asegurar que todos la incluyan. Cuando batalla con la depresión, quiero alegrarla. Pero solo soy humana y solamente puedo ayudarla hasta cierto punto.

Qué consolador es saber que tú eres Dios, y que puedes sanar, consolar y dar tu paz que sobrepasa el entendimiento. Aunque tal vez yo no pueda sanar el dolor de mi hija, tú puedes hacerlo. Tú amas a mi hija aún más de lo que yo pueda imaginar. Tú sabes lo que ella necesita aún más de lo que yo sé. Puedes ver cómo esta situación la hace crecer y la prepara para el futuro. Por favor, mantente cerca de ella hoy de todas las maneras que yo no puedo. Elijo entregarte a ti mi frustración y mi preocupación.

¡Tú guardarás en perfecta paz a todos los que confían en ti; a todos los que concentran en ti sus pensamientos! Confíen siempre en el SEÑOR, porque el SEÑOR DIOS es la Roca eterna. [...] SEÑOR, tú nos concederás la paz; en realidad, todo lo que hemos logrado viene de ti. ISAÍAS 26:3-4, 12

DÍA 68

❉ **Una oración acerca del SUFRIMIENTO**
Cuando debo quedarme quieta y soportar el dolor

DIOS:

Esta lesión inesperada me ha marginado, y tengo que descartar mis planes y programas bien intencionados. El dolor siempre está presente y continuamente me distrae de enfocarme en la vida diaria. Estoy tan frustrada que no puedo hacer lo que había planificado, y mi lista de cosas pendientes es cada vez más larga. Me pregunto cómo se suplirán las necesidades de mi familia. Lo único que puedo hacer es estar aquí acostada y quieta.

Tal vez es exactamente ahí donde tú quieres que esté en esta época de mi vida, totalmente dependiente de ti. Dame paciencia y enséñame lo que significa ser una receptora atenta de la ayuda de los demás. Estoy agradecida por su cuidado y anticipo el día en que pueda acompañar a otros para cuidar de ellos. Ya que tú has decretado este sufrimiento, ¿podrías enseñarme a poner en uso mi experiencia mientras comienzo la recuperación? Gracias por tu consuelo y cuidado constantes. Percibo tu presencia en la quietud de mi vida. Dame oportunidades para reciprocar el consuelo que he recibido de otros tan generosamente. Y por favor ayúdame a tener el contentamiento y agradecimiento que fluirán durante estos días difíciles.

Tenemos la plena confianza de que, al participar ustedes de nuestros sufrimientos, también tendrán parte del consuelo que Dios nos da. 2 CORINTIOS 1:7

※ **Una oración acerca de las PALABRAS**
Cuando quiero que mi boca hable la verdad que da vida

PRECIOSO SEÑOR:

Me gusta expresar mi creatividad probando recetas nuevas. Se me alegra el día cuando mis hijos o mi esposo me elogian por una comida (¡o piden repetir!). Hazme recordar que las palabras sabias pueden tener el mismo impacto satisfactorio que cualquier comida reconfortante. Te son agradables y nutren a mi familia. Decir la verdad correcta con amor, en el momento oportuno, te glorifica. Mantén esta realidad siempre ante mis pensamientos y mis palabras.

Las palabras sabias satisfacen igual que una buena comida; las palabras acertadas traen satisfacción. PROVERBIOS 18:20

DÍA 70 *Momento de oración*

※ **Una oración acerca de la SALVACIÓN**
Cuando estoy agradecida con Dios por el regalo de Jesús

PADRE CELESTIAL:

Gracias por enviar a tu Hijo a la tierra especialmente por mí. Reboso de gratitud por tu gracia, y anhelo compartir este regalo con mis hijos. ¿Podrías ayudarme a no pasar por alto alguna oportunidad de transmitir la Buena Noticia de tu Hijo a mis hijos hoy?

Hay un Dios y un Mediador que puede reconciliar a la humanidad con Dios, y es el hombre Cristo Jesús. Él dio su vida para comprarles la libertad a todos. I TIMOTEO 2:5-6

DÍA 71

☼ Una oración acerca de la RECONCILIACIÓN
Cuando quiero tener la razón

DIOS:

Mientras estoy acostada aquí, mirando al techo, rodeada de oscuridad y lágrimas, ayúdame, querido Dios. Sé que yo tengo la razón, o por lo menos pienso que así es. Si mi esposo simplemente comprendiera y viera las cosas desde mi perspectiva. Sé que hoy fui un poco cruel con él con mis palabras, pero no puedo evitar sentir que si le hubiera hablado solo un poco más alto o más fuerte, él finalmente habría valorado mi punto de vista.

Dios, no estoy segura de cómo vamos a regresar el uno al otro. Ahora mismo, mi corazón está duro y frío; no quiero buscar la reconciliación. Sin embargo, sé que no debe ser así. Tú has perdonado tanto en mi vida; ¿cómo puedo deliberadamente negarle el perdón a mi querido esposo? Quebranta mi corazón, oh Dios. Ayúdame a estar pronta a arrepentirme en todas mis relaciones, especialmente en mi matrimonio. Perdóname, Señor, por estar echada aquí un segundo más de lo que debería. Ayúdame a acercarme a ti; entonces sé que me acercaré a él.

Por el contrario, sean amables unos con otros, sean de buen corazón, y perdónense unos a otros, tal como Dios los ha perdonado a ustedes por medio de Cristo. EFESIOS 4:32

✦ Una oración acerca del DOLOR
Cuando me siento abrumada por un corazón quebrantado

PRECIOSO SALVADOR:

Me duele la pérdida de un hijo que nunca llegué a tener en mis brazos. Muchas noches me duermo llorando, preguntándome cuándo se irá el dolor. Aunque sé que cada niño te pertenece, me es difícil comprender la cuna vacía. Mi corazón lleva la pesada carga de un niño que nunca llevamos a casa.

Ayúdame a recordar que mi dolor solo es por una noche y que la alegría llegará en la mañana a mi alma triste. Jesús, dame resistencia para amar y cuidar a mi familia durante esta batalla continua. Recuerdo tu promesa de que algún día ya no tendremos más lágrimas ni dolor. Espero ese día con una expectativa cada vez mayor. Tú has prometido limpiar mis lágrimas y sanar mi corazón quebrantado. Te ofrezco mi espíritu quebrantado. Solo tú puedes volver a hacerlo pleno.

Él les secará toda lágrima de los ojos, y no habrá más muerte ni tristeza ni llanto ni dolor. Todas esas cosas ya no existirán más. APOCALIPSIS 21:4

⚙ **Una oración acerca del FRACASO**
Cuando el fracaso me muestra los dientes

JESÚS:

La mordida del fracaso me desgarra mucho hoy. Desde que me desperté, me he sentido inadecuada, me castigo por no ser suficiente en esta vida diaria. Mi ser ideal no siempre es compasivo con mi ser real; mi ser ideal cree que debería tener una mejor trayectoria de acabar lo que empiezo; de vivir de manera creativa y cortés; de darle estilo, clase y productividad a todo lo que intento. Mi ser ideal observa que si yo fuera más estable, ¡no perdería el tiempo sintiendo que no soy lo suficientemente buena!

Señor, por favor quita las vendas de mi ser ideal y reenfócalo según la manera en la que tú me ves. Yo no soy un fracaso para ti, y por eso te estoy muy agradecida. Gracias por la seguridad que me das cuando siento que no soy lo suficientemente buena. Por favor, pronuncia plenitud a mi alma hoy. Puedo hacer todo por medio de ti, porque tú me das tu fortaleza, ¡y eso es lo ideal!

Cada vez él me dijo: «Mi gracia es todo lo que necesitas; mi poder actúa mejor en la debilidad». Así que ahora me alegra jactarme de mis debilidades, para que el poder de Cristo pueda actuar a través de mí. [...] Pues, cuando soy débil, entonces soy fuerte. 2 CORINTIOS 12:9-10

DÍA 74

✺ **Una oración acerca de las DECISIONES**
   Cuando la respuesta no es clara

DIOS:

Estos días, más que nunca, batallo para saber qué decisiones son las mejores para mis hijos. Las cosas parecían más fáciles cuando eran pequeños: ¿siesta o no siesta?, ¿el cereal a los cuatro o a los seis meses?, ¿el preescolar a los tres o a los cuatro años? Las consideraba como vitales en aquel entonces, pero ahora esas decisiones parecen muy sencillas y obvias, comparadas con las presiones de estos últimos años.

   ¿Cómo hago un equilibrio entre las libertades sociales y los límites? ¿Cómo puedo ayudar a mis hijos a afirmar su identidad en ti? ¿Qué digo (o no digo) cuando no me cae bien su elección de un amigo o una relación de noviazgo? ¿Y por qué le doy tantas vueltas a esas cosas antes de recordar que tú ofreces guía a los que buscan tu presencia? Puedo hacer que esas sombras de duda se vayan si me cubro con la luz de tu Palabra. Señor, por favor, ayúdame a buscarte por encima de cualquier otra cosa, para que pueda darles a mis hijos la mejor dirección que tú puedes ofrecer. Y, por favor, ayúdame a mí también a aprender a buscarte primero.

Tu palabra es una lámpara que guía mis pies y una luz para mi camino. SALMO 119:105

DÍA 75

☼ Una oración acerca de estar ABRUMADA
Cuando tengo demasiadas cosas encima

SEÑOR:

Mi calendario está lleno a rebosar. Tengo muchas presiones y expectativas que compiten por mi tiempo y atención. No estoy segura de cómo se supone que salga adelante con todo. Me temo que no voy a cumplir con todo y que voy a decepcionarlos a todos, incluso a mí misma. Tú me has pedido que te entregue mis cargas y mis preocupaciones, y aun así, aquí estoy otra vez, tratando de hacerlo todo con mis propias fuerzas.

Ayúdame a detenerme y a respirar profundamente para que pueda entregarte todo mi estrés. Ayúdame a ver cómo puedes quitarme el peso de mi día y muéstrame la forma de encontrar descanso en medio de todo. Gracias por quitarme el peso de mis problemas y por llevarlo en tus hombros para que yo no tenga que cargarlo sola. Dame tu fortaleza para salir adelante hoy.

Dijo Jesús: «Vengan a mí todos los que están cansados y llevan cargas pesadas, y yo les daré descanso. Pónganse mi yugo. Déjenme enseñarles, porque yo soy humilde y tierno de corazón, y encontrarán descanso para el alma. Pues mi yugo es fácil de llevar y la carga que les doy es liviana». MATEO 11:28-30

⚜ **Una oración acerca de DAR TESTIMONIO**
Cuando quiero la verdad y no opiniones

PADRE:

Durante años me he reunido con las mismas madres mientras nuestros hijos juegan. A veces, nuestra conversación es superficial. Pero en otras ocasiones, hablamos de asuntos de mayor peso. Ayúdame a saber cuándo rociar nuestras conversaciones con la verdad del evangelio. Guía mis palabras para que animen a mis amigas cuando estén desanimadas. Te pido que estas mujeres entiendan que yo fundamento mi vida y mi fe en la *verdad*, no en la sabiduría mundana ni en mis propias opiniones.

Amados hermanos, quiero que entiendan que el mensaje del evangelio que predico no se basa en un simple razonamiento humano. GÁLATAS 1:11

⚜ **Una oración acerca del PODER DE DIOS**
Cuando necesito descansar en un poder mayor al mío

DIOS:

Estoy tan cansada de intentar hacer las cosas con mis propias fuerzas, de intentar vencer lo que parecen ser obstáculos inmóviles, de intentar restaurar las relaciones rotas. Estoy tan casada de tratar de ser tú. Ayúdame a dejar mi dependencia en la autosuficiencia y a descansar en la verdad de que contigo, todas las cosas son posibles.

Jesús los miró y les dijo: «Humanamente hablando es imposible, pero para Dios todo es posible». MATEO 19:26

DÍA 78

☼ **Una oración acerca de la PREOCUPACIÓN**
Cuando me preocupo por la provisión de Dios para mi familia

SEÑOR EN LO ALTO DE LOS CIELOS:

Estoy aquí sentada en mi escritorio, preguntándome si tendremos suficiente dinero al final del mes. Parece que nuestros gastos han aumentado exponencialmente este año; aun así, desafortunadamente nuestros ingresos no han seguido el ritmo de nuestras responsabilidades financieras. Sé que la vida es más que solamente bienes materiales, pero me encuentro consumida por adquirir lo que considero suficiente. Instintivamente, sé que nunca tendré suficiente para sentirme satisfecha, pero expresar mis ansiedades no le sumará ningún recurso a mi cuenta, ni tiempo a mi calendario.

Tú eres quien hace y mantiene todas las cosas. Me doy por vencida con mi necesidad de tratar de controlar mis circunstancias y sus resultados. Tú siempre has provisto no solo para las necesidades de mi familia, sino también para muchos de nuestros deseos, y sé que tú tienes nuestro futuro firmemente en tus manos. Ahora bien, por favor alinea mis pensamientos con esta verdad para que pueda caminar con tu paz.

«Por eso les digo que no se preocupen por la vida diaria, si tendrán suficiente alimento y bebida, o suficiente ropa para vestirse. ¿Acaso no es la vida más que la comida y el cuerpo más que la ropa?». MATEO 6:25

✦ Una oración acerca de las CONCESIONES
Cuando no quiero encontrar un término medio

SEÑOR:

Esta vez no quiero hacer concesiones. Estoy cansada de sentir que desaprovecho la mitad de mi ser al otorgar concesiones. Rara vez estoy totalmente feliz con una decisión. También es raro que esté totalmente insatisfecha; pero estar medio bien una y otra vez ha llegado a cansarme. ¡Esta vez quiero que se trate de mí! Admito que oigo el lloriqueo en estas palabras, pero mi corazón está experimentando una verdadera batalla. Siempre critico a mis hijos por querer las cosas a su manera tan frecuentemente, pero en realidad, ellos son la astilla del palo. Todavía tengo áreas de obstinación egoísta. Por favor, recuérdame de una nueva manera los beneficios de estar en un término medio, porque estoy batallando para apreciarlos.

El versículo 2 del pasaje bíblico de hoy me sorprende cuando lo vuelvo a leer. ¿Mis esfuerzos de encontrar una mente y un propósito con alguien más hacen que *tú* te sientas verdaderamente feliz? *Totalmente satisfecho?* Saber que mi deseo de vivir así te agrada es la perspectiva que necesito ahora. Gracias, una vez más, por estar conmigo, y por modelar la clase de esfuerzo que buscas ver en mí.

Entonces, háganme verdaderamente feliz poniéndose de acuerdo de todo corazón entre ustedes, amándose unos a otros y trabajando juntos con un mismo pensamiento y un mismo propósito. No sean egoístas; no traten de impresionar a nadie. Sean humildes, es decir, considerando a los demás como mejores que ustedes. FILIPENSES 2:2-3

⚙ **Una oración acerca de la SALVACIÓN**
Cuando necesito ser liberada

SEÑOR:

Parece que la oscuridad y la desesperación son la misma ropa que llevo puesta estos días. Frecuentemente ni siquiera estoy segura de cómo es que sigo adelante. En medio de esta prueba, temo que he llegado a vivir en una fosa. Aunque algunos aspectos de esta fosa pueden ser siniestros y profundos, otros se sienten un poco cómodos. No puedo ver una salida en este momento y no puedo percibir una vía de escape.

Aunque siento que me ahogo en mis preocupaciones, tú todavía estás conmigo, en el fondo. Necesito que tu luz, Señor, ilumine mi camino para poder encontrar la salida. Necesito la liberación de tu salvación para liberarme de esta desesperación. Por favor, sácame de esta fosa agobiante y planta mis pies firmemente en tierra sólida. Cuando descanso firmemente en ti ¿a quién puedo temerle? Señor, tú me has salvado y liberado. Enséñame qué significa glorificarme en tu salvación y cómo compartir con otros esa buena noticia de rescate.

El SEÑOR es mi luz y mi salvación, entonces ¿por qué habría de temer? El SEÑOR es mi fortaleza y me protege del peligro, entonces ¿por qué habría de temblar? SALMO 27:1

⚙ **Una oración acerca de la ALEGRÍA**
   Cuando puedo aprender de mi hija

PADRE:

Nunca olvidaré la primera vez que mi hija se rió. La alegría completa de su rostro le dio un nuevo sentido a la palabra *gozo*. Ella sabe que es amada completa y totalmente, y se deleita en las cosas simples. Quiero tener acceso a ese gozo en mi propia vida y en mi relación contigo.

Cuando dejo de contar las bendiciones innumerables que tú me has dado a mí y a mi familia, me siento abrumada. Tú has estado conmigo en cada paso del camino, y sigues derramando sobre mí tu amor inagotable, aunque no lo merezco. Gracias por amarme y llamarme tu hija. Ayúdame a aprender a confiar en ti así como mi hija confía en mí. Recuérdame regocijarme en las cosas sencillas con las que tú me rodeas, como un día soleado o la risa de un niño. Llena mi corazón de gozo y de paz hoy.

Ustedes aman a Jesucristo a pesar de que nunca lo han visto. Aunque ahora no lo ven, confían en él y se gozan con una alegría gloriosa e indescriptible. I PEDRO 1:8

DÍA 82

☼ **Una oración acerca de la PERFECCIÓN**
Cuando no puedo competir

SEÑOR:

Vivimos en un mundo de Pinterest, de Martha Stewart y de casas perfectas en la televisión. A veces me siento presionada para vivir de acuerdo con un ideal que no viene de ti. Tener una casa organizada, hacer comida casera para el bebé o dar en casa una fiesta de cumpleaños temática son todas cosas buenas, pero no tengo que hacer nada de eso para ser una buena madre. Puedo pasar demasiado tiempo atormentándome por no tener el tiempo ni la energía para hacer todo lo que parece que todos los demás hacen, pero tú no quieres que me compare con nadie más.

Tú me has dotado de manera única y me has creado de la manera que soy por un motivo. Ayúdame a dejar cualquier noción preconcebida de lo que creo que debería ser, en lugar de buscarte para que me guíes. Gracias por crearme tal como soy. Ayúdame a encontrar mi valor y mi autoestima en ti y no en las cosas del mundo.

Somos la obra maestra de Dios. Él nos creó de nuevo en Cristo Jesús, a fin de que hagamos las cosas buenas que preparó para nosotros tiempo atrás. EFESIOS 2:10

☼ Una oración acerca del DESTINO
Cuando pienso en tus planes soberanos

JESÚS:

¿Podrías recordarme que tienes cosas buenas reservadas para mí? A veces parece que todas las decepciones se juntan y me golpean fuertemente al mismo tiempo. Pero no importa qué ocurra, puedo encontrar esperanza en tu promesa de que cumplirás tus planes buenos para mi vida. Gracias por las bendiciones que confío que vendrán.

El SEÑOR llevará a cabo los planes que tiene para mi vida, pues tu fiel amor, oh SEÑOR, permanece para siempre. No me abandones, porque tú me creaste. SALMO 138:8

DÍA 84 *Momento de oración*

☼ Una oración acerca de la DECEPCIÓN
Cuando necesito modelar formas sanas de tratar con los sueños perdidos

DIOS:

Ya sea que esté lista o no, mis hijos verán cómo reacciono ante las decepciones. La forma en que reacciono en esos momentos deja ver mi confianza y mi rendimiento a tu cuidado... o deja ver la falta de fe o una actitud malcriada hacia la vida. Ayúdame a estar lista, con una respuesta agradable y llena de fe, para que mis hijos vean que descanso y me regocijo en ti porque provees lo que tú sabes que realmente necesito.

Deléitate en el SEÑOR, y él te concederá los deseos de tu corazón. SALMO 37:4

✦ Una oración acerca de la SALVACIÓN
Cuando me siento agradecida por la vida

SEÑOR:

¡Estoy tan agradecida porque tú creaste la vida! Hoy voy a disfrutar los recordatorios de la vida que tú ofreces. En términos sencillos, la vida que se vive en ti garantiza que tú eres mi Salvador, mi Redentor, mi esperanza. Tú eres mi gozo en los tiempos triviales y en los difíciles, mi estabilidad en un mundo confuso. Cuando mi fortaleza se agota, tú me infundes con tu paciente bondad. Tus promesas tienen una dulzura que va más allá de esta tierra. Dios, tú podrías haberme abandonado a una vida de desesperación, seguida de una eternidad separada de ti. Pero no lo hiciste. Tú me rescataste a través de Jesús. Voy a disfrutar el consuelo de que tú enviaste a Jesús a salvar también a mis hijos. Valoro mucho que moriste por mí, pero valoro aún más que moriste por ellos.

Te alabo por la vida, por otro momento en el que tu Espíritu pueda obrar en el mío, por otra respiración de tu presencia renovadora para que yo pueda bendecir a mi familia. Gracias porque la vida verdadera no se limita a la forma en que los humanos tendemos a verla. Gracias por la salvación, Señor, por definir lo que es la vida y por ofrecérnosla en abundancia.

El propósito del ladrón es robar y matar y destruir; mi propósito es darles una vida plena y abundante. JUAN 10:10

⚙ Una oración acerca de la RESPONSABILIDAD
Cuando a mi actitud le vendría bien un ajuste

SALVADOR:

Mi lista de cosas por hacer es demasiado larga, y no tengo ni idea de cómo, en realidad, terminaré todo lo que creo que tengo que hacer hoy. ¿Cómo se me acumularon encima todas estas responsabilidades y preocupaciones? Padre, ¿qué me motiva a hacer lo que hago? ¿Me estoy esforzando por vivir de acuerdo con los estándares que me he impuesto yo sola? ¿O me impulsan las expectativas de otras personas?

Puedo decir, Señor, que he llegado al final de mí misma, mientras oigo mis quejas y mis llantos desesperados. ¡Quiero renunciar! Renunciar a tratar de hacer todas estas tareas con mis propias fuerzas. Señor Jesús, tú hiciste solo lo que tu Padre te dio para hacer, nada más y nada menos. Te propusiste cumplir la voluntad de tu Padre en esta tierra. Por eso someto a ti mis propuestas y mi manera de enfocarme en las tareas. Por favor, modifica mi perspectiva para buscar lo que tú quieres lograr a través de mí. Quiero abandonar el deseo de trabajar solamente para complacer a otros y hacer que piensen bien de mí. Querido Salvador, cumple tu obra y tu voluntad a través de mí para tu gloria.

Hagan todo sin quejarse y sin discutir. FILIPENSES 2:14

☼ Una oración acerca del AMOR
Cuando necesito un modelo a seguir

PADRE:

Estoy tan agradecida por el ejemplo de amor que me has dado con el sacrificio de tu Hijo, Jesús. Me amaste tanto que lo enviaste a esta tierra para que yo tuviera perdón y una relación íntima y personal contigo. Quiero enseñarles a mis hijos a amar como tú me has amado.

Ayúdame a mostrarles tu amor a mis hijos dándome tu paciencia y amabilidad. Ayúdame a enseñarles hoy quién eres tú a través de mis palabras y mis acciones. Gracias por darme un vistazo de cómo es tu amor por mí, en lo que yo siento por mis hijos.

El amor es paciente y bondadoso. El amor no es celoso ni fanfarrón ni orgulloso ni ofensivo. No exige que las cosas se hagan a su manera. No se irrita ni lleva un registro de las ofensas recibidas. No se alegra de la injusticia sino que se alegra cuando la verdad triunfa. El amor nunca se da por vencido, jamás pierde la fe, siempre tiene esperanzas y se mantiene firme en toda circunstancia. I CORINTIOS 13:4-7

⚙ Una oración acerca de la AUSENCIA
Cuando siento que me distancio

SEÑOR:

Algunas veces no estoy verdaderamente presente con mis hijos, aunque estoy con ellos. A veces debo parecer inalcanzable, cuando mis pensamientos están lejos de ellos. En tanto que es cierto que ellos pueden gritarme: «¡Mamá, mamá, MAMÁ!» al punto del desquiciamiento, a veces simplemente estoy en otro lugar a pesar de estar en la misma habitación. Creo que es posible ser una madre ausente aunque esté en casa.

Si mi corazón se siente ansioso o si mi calendario está lleno, siento que mi mente hace una pausa para escaparse por un momento de las demandas. Quiero ser confiable y estar presente para ellos; ellos necesitan saber que mamá será mamá hoy y mañana, y que no tendrán que gritar regularmente para obtener mi atención. Padre, fortaléceme para estar verdaderamente con ellos tanto como me necesiten, y concientízalos para que respeten mi persona también. Ayúdame a equilibrar mis intereses que también necesitan mi atención. ¿Podrías aumentar el entendimiento y la independencia saludable en mis hijos, para que respeten mi necesidad de espacio para reorganizarme de vez en cuando? Y, por favor, no permitas que me retire a la versión de madre ausente.

No los abandonaré como a huérfanos; vendré a ustedes.
JUAN 14:18

⚙ Una oración acerca de la TERNURA
Cuando necesito un nuevo flujo de gracia

ESPÍRITU SANTO:

Mi caminar contigo se ha estancado. Mi alma ha quedado seca por la actividad incesante. Mi pozo relacional se ha secado y siento como que no tengo nada que ofrecer a mis seres queridos, mis amigos y mis vecinos. Mi vida necesita un flujo nuevo de ti. Dame momentos para empaparme de tu gracia. Necesito tu presencia renovadora, desde temprano en la mañana hasta tarde en la noche. Tu tierno alimento es esencial para mi crecimiento hacia la semejanza a Cristo. Después de años de esfuerzo sin sentido, sé que no puedo darles a otros lo que yo no he recibido primero de ti.

Mantenme saturada de la verdad del evangelio para que no regrese a esta búsqueda sin sentido. Espíritu Santo, por favor lléname de tus frutos de gozo, paz, paciencia, amor y control propio. A medida que estas virtudes penetran en mi vida, que fluyan en mis relaciones. Muéstrame las áreas que se han endurecido con el pecado. Quita las actitudes que apagan tu obra en mi vida. Renuévame hoy con tu tierna compasión, para que pueda ser un manantial de vida para mis seres amados.

Que mi enseñanza caiga sobre ustedes como lluvia; que mi discurso se asiente como el rocío. Que mis palabras caigan como lluvia sobre pastos suaves, como llovizna delicada sobre plantas tiernas. DEUTERONOMIO 32:2

✦ Una oración acerca de las HERIDAS
Cuando no puedo repararlas

PADRE CELESTIAL:

Hoy mi hijo sufre. El mundo puede ser cruel, y me gustaría quitarle su dolor y solucionar la situación. Pero no toda herida es algo que yo pueda solucionar con un abrazo o una galleta. Por favor, quédate con mi hijo en medio del dolor, y obra con tu plan que incluso esto malo resulte en bien para su vida.

Sabemos que Dios hace que todas las cosas cooperen para el bien de quienes lo aman y son llamados según el propósito que él tiene para ellos. ROMANOS 8:28

DÍA 91 *Momento de oración*

✦ Una oración acerca de las PRIORIDADES
Cuando busco muchas cosas en lugar de la única cosa

SEÑOR:

Al considerar las tareas que tengo enfrente hoy, mi corazón está inquieto y batallo para saber cómo quedarme quieta ante ti. Señor, dame gracia para sentarme cerca y oír tu Palabra. Perdóname por las muchas veces en las que asocio el valor que tengo ante ti con la productividad en vez de la devoción a ti.

Hay una sola cosa por la que vale la pena preocuparse. María la ha descubierto, y nadie se la quitará. LUCAS 10:42

DÍA 92

☼ **Una oración acerca de las INFLUENCIAS**
Cuando quiero proteger a mi hijo

SEÑOR JESÚS:

Las malas influencias se infiltran en la vida de mi hijo de muchas maneras. La proliferación de la tecnología y la fácil disponibilidad de la Internet han hecho muy difícil para mí poder mantenerlo protegido de la fealdad del mundo. Quiero proteger a mi hijo de ver y oír cosas que por su edad no puede entender, sabiendo que una vez que se ve algo, ya no puede quedar como no visto. Podría pasar todo mi tiempo preocupándome y tratando de bloquear cualquier fuerza negativa posible en su vida, pero no creo que sea lo que tú deseas para mí o para él.

Ayúdame a saber cómo enseñarle a mi hijo a ser luz en este mundo oscuro sin retirarse de él ni tenerle miedo. Enséñame a proteger su corazón de manera apropiada, permitiéndole al mismo tiempo crecer y experimentar el mundo. Que él aprenda a tomar decisiones sabias en cuanto a lo que permite que entre a su mente. Gracias por ser un ejemplo de cómo vivir en un mundo pecaminoso.

No imiten las conductas ni las costumbres de este mundo, más bien dejen que Dios los transforme en personas nuevas al cambiarles la manera de pensar. Entonces aprenderán a conocer la voluntad de Dios para ustedes, la cual es buena, agradable y perfecta. ROMANOS 12:2

☼ Una oración acerca de la SATISFACCIÓN
Cuando me siento inquieta con mis circunstancias

PADRE:

Constantemente batallo para ser un ejemplo del contentamiento para mis hijos. Les digo que decidan ser felices, que no se comparen a sí mismos con otros, que sean agradecidos por lo que tienen… y luego me doy cuenta de que mis pensamientos y mis ojos se desvían a las áreas en las que siento que falta algo. Los acontecimientos sin importancia pueden socavar mi contentamiento. La visita a una amiga puede hacer que desee su casa más bonita o el cabello como el suyo. Esos pensamientos pueden hacer que me pregunte cómo puedo mejorar mi figura, buscar más éxito profesional o animar a mi esposo a que ayude en la casa.

Es agotador, Señor, y seguramente por eso es que nos adviertes que no caigamos en la insatisfacción. Pero, Señor, puede ser difícil seguir siendo racional en cuanto a los verdaderos problemas y no dejar que mis emociones tomen el control. ¿Cómo puedo aceptar mis verdaderos sentimientos sin dejar que me desanimen? No quiero que el cáncer de los celos deteriore mi espíritu. Por favor, lléname de ti y ayúdame a recordar que, como hija tuya, tengo todo el tesoro de tu riqueza y todo el amor de tu corazón.

La paz en el corazón da salud al cuerpo; los celos son como cáncer en los huesos. PROVERBIOS 14:30

DÍA 94

☼ **Una oración acerca del AJETREO**
Cuando olvido bajar el ritmo

JESÚS:

¿Por qué me consumo tanto con las tareas diarias de la crianza de mis hijos, al punto de que olvido que tú caminas tranquilamente conmigo? Las demandas que inmediatamente llenan mi mente cada mañana tienden a ahogar tu suave voz. Tú anhelas que te busque y que hable contigo. Pacientemente esperas que yo recuerde que siempre estás allí. Nunca estás demasiado ocupado para mí. ¿Por qué siempre parece que estoy demasiado ocupada para ti?

Ayúdame hoy a recordar lo importante que es que estás conmigo, todo el día, todos los días. Siempre estás disponible para oír, para aconsejar... incluso para compartir momentos alegres. No necesito correr en la vida, saltando de una tarea a otra. Hazme recordar que le darás descanso a mi alma y que renovarás mi energía si yo te lo permito. Gracias, Jesús, por vivir la vida conmigo y por estar conmigo todos los días.

Oh pueblo, el SEÑOR te ha dicho lo que es bueno, y lo que él exige de ti: que hagas lo que es correcto, que ames la compasión y que camines humildemente con tu Dios. MIQUEAS 6:8

⚙ Una oración acerca de la VALENTÍA
Cuando necesito recordar que no todo depende de mí

DIOS TODOPODEROSO:

Gracias por poseer cada gramo de la valentía que necesito. Gracias también por prometer suplementar todo lo que no tengo con el fin de cumplir tus metas. Depender de ti será una de las lecciones continuas de mi vida. ¿Por qué se necesita mucha valentía para dejar tantos esfuerzos en vano, para dejar de luchar por producir mis propias soluciones, y simplemente relajarme y descansar en tu valentía inquebrantable? Tú nunca dudas de tu habilidad de ser suficiente para mí. Por favor, ayúdame a aumentar mi valentía en ti en lugar de tratar de producirla por cuenta propia.

Graba en mí cada día que mis empeños forzados son en vano. Tú tienes el poder; tú tienes el coraje y tú me aseguras la victoria cuando le doy cabida en mi espíritu para que el tuyo se traslade allí y me llene. Padre, mis hijos necesitan ver cómo es depender de ti, así que por favor ayúdame a crecer y a enseñarles, para crecer en mi propia confianza en ti y para enseñarles cómo es una vida facultada por ti. *Por tu Espíritu*. Que ese sea el mensaje de mi vida.

«No es por el poder ni por la fuerza, sino por mi Espíritu, dice el SEÑOR de los Ejércitos Celestiales». ZACARÍAS 4:6

⚙ Una oración acerca de la DEPRESIÓN
Cuando tengo problemas para admitir que necesito ayuda

PADRE:

Quizá sea la última en verlo, pero finalmente estoy aquí para admitir que no puedo arreglar esto. Quiero ser fuerte. Quiero despojarme por mi cuenta de este manto de depresión. Debería poder hacerlo, ¿verdad? Pero entonces leo un salmo como el de hoy, y no me siento tan fuera de lugar. O, por lo menos, no me siento tan sola en esto. Esos salmistas no ocultaban nada de ti. Cuando la vida era demasiado, ellos lo admitían.

En mi cabeza sé que la depresión no tiene que ver con ser débil o fuerte. En realidad, se requiere una gran cantidad de fortaleza para llevar el peso en cada momento, cada día. Pero mi corazón todavía batalla para sostener el mío. Tal vez he tenido que aprender a dejar que las piezas caigan para que tú puedas enseñarme a volver a ponerlas en su lugar, aun mejor. Necesito que me llenes y me indiques qué gente y cuáles recursos pueden ayudarme. Señor, por favor atiende mis sentimientos de vergüenza por esta batalla. Ahora mismo, decido descansar en ti y dejar que abras el camino hacia la sanidad. Soy tuya.

Ven pronto, SEÑOR, y respóndeme, porque mi abatimiento se profundiza. [...] Hazme oír cada mañana acerca de tu amor inagotable, porque en ti confío. Muéstrame por dónde debo andar, porque a ti me entrego. SALMO 143:7-8

☼ **Una oración acerca del ESTRÉS**
Cuando necesito liberación de las ansiedades

SEÑOR:

En todas partes me siento oprimida y aplastada por el peso de mis preocupaciones. La ansiedad por las incertidumbres de la vida llena cada pensamiento que tengo. Necesito rescate desde el cielo. Por favor libérame, Señor, de mi perspectiva atribulada. Guíame a días que estén llenos de gozo y contentamiento. Me rindo a tu plan, que es mucho mejor de lo que alguna vez yo pudiera esperar o imaginar.

No arrebates de mí tu palabra de verdad, pues tus ordenanzas son mi única esperanza. SALMO 119:43

☼ **Una oración acerca de las NECESIDADES**
Cuando necesito ser agradecida

SEÑOR:

Tú has prometido proveer para todas mis necesidades, pero aun así paso demasiado tiempo preocupándome. Ayúdame a confiar en ti completamente con mi vida, y a estar agradecida por lo que tengo, en lugar de quejarme por lo que no tengo.

«Así que no se preocupen por todo eso diciendo: "¿Qué comeremos?, ¿qué beberemos?, ¿qué ropa nos pondremos?". Esas cosas dominan el pensamiento de los incrédulos, pero su Padre celestial ya conoce todas sus necesidades». MATEO 6:31-32

⚙ Una oración acerca del MATRIMONIO
Cuando quiero la mejor vida hogareña para mi hijo

DIOS:

Me entristezco cuando miro al mundo a mi alrededor hoy día, y veo en lo que se ha convertido tu diseño del matrimonio. Tú nos has creado para que estemos en comunidad los unos con los otros. Has diseñado el matrimonio para que sea una conexión íntima. Pero el pecado ha entrado y ha hecho un lío de lo que tú creaste tan amorosamente. El mundo está lleno de relaciones destruidas, de sexo con cualquiera y de la falta de compromiso. Yo no quiero esto ni la angustia que podría significar para mis hijos. Quiero que ellos experimenten la alegría plena del matrimonio, de la forma en la que tú lo diseñaste.

Ayúdame a enseñarles a mis hijos los valores de la honestidad, el compromiso y la intimidad, que son las bases de un matrimonio saludable. Guíalos a tomar decisiones sabias cuando crezcan y comiencen a buscar una pareja. Dales ejemplos saludables de matrimonios piadosos.

Entonces el SEÑOR Dios hizo de la costilla a una mujer, y la presentó al hombre. «¡Al fin! —exclamó el hombre—. ¡Esta es hueso de mis huesos y carne de mi carne! Ella será llamada "mujer" porque fue tomada del hombre». Esto explica por qué el hombre deja a su padre y a su madre, y se une a su esposa, y los dos se convierten en uno solo. GÉNESIS 2:22-24

DÍA 100

☼ Una oración acerca del COMPROMISO
Cuando quiero estimular la perseverancia

SEÑOR:

Las clases de música, las tareas escolares, los oficios de la casa, la práctica de deportes… ¿qué tienen en común? Todo ello requiere compromiso y disciplina, y son cosas que mis hijos podrían verse tentados a abandonar. Entiendo que son niños. Su madurez todavía no es la de un adulto, por lo que su batalla por terminar tareas desafiantes es comprensible. Pero ¿cómo sé cuándo y cómo presionar, o más bien, cómo *animarlos* para que sigan adelante? No quiero que adopten el estilo de vida común de tomar la salida más fácil. Ellos tienen que verse a sí mismos esforzándose para alcanzar una meta, incluso si la recompensa es la sencilla satisfacción de hacer lo mejor posible o experimentar el desarrollo del carácter.

Por favor, ayuda a mis hijos a aprender el valor del compromiso a su nivel. Podríamos hablar de escatimar en la práctica de piano hoy, pero fallar en crecer en el área del compromiso podría convertirse más adelante en apartarse de un matrimonio difícil o de un estilo de vida saludable. Ellos tienen que beneficiarse de la disciplina de verse trabajar en las cosas difíciles mientras son jóvenes. Gracias, Padre, por tu compromiso de ayudarnos a aprender juntos.

He peleado la buena batalla, he terminado la carrera y he permanecido fiel. 2 TIMOTEO 4:7

DÍA 101

☼ Una oración acerca de los OBSTÁCULOS
Cuando no puedo encontrar mi camino

SEÑOR:

Precisamente cuando creo que he discernido tu voluntad y adónde debo ir, me encuentro enfrentando obstáculos y puertas cerradas. No debería sorprenderme por esto, pues sé que el enemigo quiere desmotivarme de seguirte. Ayúdame a derribar los muros que me rodean y a perseverar para encontrar el camino alrededor de las barreras. Hazme recordar que tienes un plan para mí y que prometes caminar conmigo a través de los valles oscuros. No estoy sola en este viaje y solo necesito llamarte para que me ayudes cuando me siento desanimada o sola.

Gracias por estar conmigo y por ser mi refugio cuando siento que me van a atacar e impedir que siga el camino que tú tienes para mí. Dame la fortaleza para seguir adelante cuando sienta que es demasiado difícil. Guía mis pies y despeja el camino para que yo dé el siguiente paso.

Felices son los íntegros, los que siguen las enseñanzas del SEÑOR. Felices son los que obedecen sus leyes y lo buscan con todo el corazón. No negocian con el mal y andan solo en los caminos del SEÑOR. Nos has ordenado que cumplamos cuidadosamente tus mandamientos. ¡Oh, cuánto deseo que mis acciones sean un vivo reflejo de tus decretos!
SALMO 119:1-5

☀ Una oración acerca de DAR TESTIMONIO
Cuando anhelo que se esparza la luz del evangelio

DIOS TODOPODEROSO:

Siento que tú nos has llamado a vivir en esta comunidad. He disfrutado plenamente al conocer a nuestros vecinos y de tenerlos en casa. Deseo intensamente que todos ellos sepan de tu amor salvador. Que tu gracia brille tan radiantemente en nuestro hogar que otros se den cuenta de que tu presencia marca toda la diferencia. Entonces, a medida que nos das oportunidades de amar y servir a nuestros vecinos, que ellos vean cómo nuestra fe nos motiva e impacta nuestras decisiones. Que nuestro hogar brille como una lámpara, no solo para nuestros vecinos sino para la comunidad que nos rodea.

Por favor ayúdame a entrelazar los brazos con hermanos y hermanas en Cristo y a recordar orar constantemente para que mi ciudad y mi nación te conozcan. Hazme recordar, cuando mi mundo llegue a ser demasiado pequeño, que tú eres el Rey de todas las naciones. Quiero orar, dar e ir para que tu evangelio pueda extenderse hasta lo último de la tierra.

Recibirán poder cuando el Espíritu Santo descienda sobre ustedes; y serán mis testigos, y le hablarán a la gente acerca de mí en todas partes: en Jerusalén, por toda Judea, en Samaria y hasta los lugares más lejanos de la tierra. HECHOS 1:8

☼ Una oración acerca del ESPÍRITU SANTO
Cuando me siento sola

ESPÍRITU SANTO:

El ser madre a veces puede hacer que me sienta muy aislada. Me encanta estar con mi hija, pero puedo sentirme muy sola. Cuando necesito ser renovada, agradezco mucho tu presencia. Tú no me dejas nunca y esperas llenarme de tu fortaleza y tu poder: solo tengo que pedirlo.

Gracias por tu presencia en mi vida, aun cuando lo olvide y trate de hacer las cosas con mis propias fuerzas. Gracias por saber lo que necesito, aunque yo no lo sepa. Gracias por renovarme, a veces de formas inesperadas. Gracias por no dejar que me ocupe de mi vida sola.

Yo le pediré al Padre, y él les dará otro Abogado Defensor, quien estará con ustedes para siempre. Me refiero al Espíritu Santo, quien guía a toda la verdad. El mundo no puede recibirlo porque no lo busca ni lo reconoce; pero ustedes sí lo conocen, porque ahora él vive con ustedes y después estará en ustedes. JUAN 14:16-17

☀ **Una oración acerca de la RECOMPENSA**
  Cuando estoy impaciente por obtener resultados

PADRE:

Le di lo mejor de mí a ese proyecto, y ahora solo espero ver los resultados. Como un agricultor que espera que aparezcan los primeros retoños, debo esperar el resultado. Ayúdame a esperar correctamente, Señor, sabiendo que modelo a mis hijos las virtudes de paciencia y de gratificación retardada. Durante este tiempo, ayúdanos tanto a mis hijos como a mí a entender de mejor manera los beneficios de perseverar y esperar en ti.

Las palabras sabias producen muchos beneficios, y el arduo trabajo trae recompensas. PROVERBIOS 12:14

☀ **Una oración acerca del DUELO**
  Cuando he experimentado pérdida

SEÑOR:

Tú has prometido que siempre estarás conmigo. A medida que me inundan olas de tristeza, te necesito ahora más que nunca antes. Sostenme en tus brazos y consuélame. Hazme recordar que tú siempre estás dispuesto a ayudarme en tiempos de dificultad. Gracias por no dejarme nunca.

El SEÑOR está cerca de los que tienen quebrantado el corazón; él rescata a los de espíritu destrozado. SALMO 34:18

DÍA 106

⚜ Una oración acerca de la MISERICORDIA
Cuando aprecio tu gracia

PADRE CELESTIAL:

Hay algo asombroso al ver a mi pequeña niña aprender a relacionarse y a interesarse por la gente que la rodea. Ella ha pasado de estar inconsciente de las necesidades de los demás a preocuparse por sus sentimientos y a darse cuenta cuando alguien se siente excluido.

Me doy cuenta de que todavía tengo mucho que aprender de tu corazón y de cómo ves el mundo, pero estoy muy agradecida por la forma en que me enseñas nuevas maneras de experimentar la compasión y la misericordia a través de los ojos de mi hija. Ayúdame a ver cuando ella es amable, para que pueda afirmar la compasión que veo en ella. Y que ella aprenda a recurrir a ti por gracia y compasión cuando tropiece o se pierda en el camino.

Con todo el corazón te alabaré, oh Señor mi Dios; daré gloria a tu nombre para siempre, porque muy grande es tu amor por mí. [...] Tú, oh Señor, eres Dios de compasión y misericordia, lento para enojarte y lleno de amor inagotable y fidelidad.
SALMO 86:12-13, 15

⚬ **Una oración acerca de las EMOCIONES**
Cuando las mías demandan demasiado de mí

SEÑOR:

Estas emociones son demasiado para mí. Corren y trepan en mi interior como enormes simios que demandan cada vez más atención. Me desgastan y me dejan reactiva en lugar de estable y receptiva. Es difícil hacer bien las tareas diarias de la vida cuando mis emociones guían el camino y dejan exhaustos a todos en mi vida. ¿Hay algún descanso de su intensidad? Temo que les enseño a mis hijos a vivir de acuerdo con las emociones, una receta para el desastre. Los sentimientos son importantes y necesarios, y me equivocaría al ignorarlos. Pero no pueden tener la rienda suelta si voy a ser un ejemplo de madre constante, bien equilibrada.

Señor, tú te has revelado como Sanador, Salvador y Emanuel, Dios con nosotros. Necesito que también seas mi equilibrador. Sáname de las emociones voraces. Sé más grande que ellas, Jesús, cuando amenacen tragarme. Estabilízame con tu propio Espíritu equilibrado, y ayúdame a dar el ejemplo de poner los sentimientos en su sitio de utilidad, en lugar de permitir que sean un obstáculo para mí y el bienestar de mi familia.

Son controlados por el Espíritu si el Espíritu de Dios vive en ustedes. ROMANOS 8:9

DÍA 108

☼ **Una oración acerca del SACRIFICIO**
Cuando necesito motivos puros

PADRE:

Hoy siento el costo de la maternidad. Cada momento parece traer una nueva ocasión para dar mi tiempo, mi energía y mis recursos. Muchos días parecen tener demandas ilimitadas. Sé que no poseo recursos ilimitados para dar a otros. Y confieso que frecuentemente me siento exhausta y vacía. A veces resiento las demandas en mi vida. Otras veces, me enorgullezco de cuánto me entrego con sacrificio a los demás. Sé, Señor, que todos estos sacrificios no significan nada si no sacrifico primero mi corazón a ti.

Por eso me arrepiento de pensar que mis esfuerzos de trabajar más arduamente por los demás es lo que en realidad te agrada. Sé que tu amor por mí no depende de cuánto trabaje y me sacrifique. Padre, lo que deseas de mí es un corazón quebrantado y contrito. Por favor, ayúdame a ver las demandas del día como oportunidades de presentarte una mujer que está dedicada a llegar a ser cada vez más semejante a ti.

Purifícame de mis pecados, y quedaré limpio; lávame, y quedaré más blanco que la nieve. SALMO 51:7

⚙ Una oración acerca de los VALORES
Cuando le doy valor al comportamiento externo

DIOS:

Mi hijo comenzó hoy a hablar de los valores esenciales que aprende en la escuela. Oírlo hablar de la integridad, la honestidad y el carácter ha sido fascinante. La sociedad aprecia mucho estos valores y los considera importantes para enseñarlos. Sin embargo, generalmente olvidamos que todas estas virtudes están arraigadas profundamente en tu carácter y no se pueden comprender totalmente sin conocerte. Quiero que mis hijos exhiban estos valores, pero confieso que rara vez estoy dispuesta a hacer el arduo trabajo del discipulado con ellos.

El verdadero problema no es cómo nos comportamos por fuera, sino lo que nos motiva y nos impulsa por dentro. ¿Qué valoramos más como familia? Parece que yo encuentro mi valor en muchas cosas, por lo que, ¿estoy verdaderamente dispuesta a decir que nada es más valioso que conocerte? Ayúdame a usar estas conversaciones como un correctivo, para que nuestra familia te dé el primer lugar en todas las cosas.

Todo lo demás no vale nada cuando se le compara con el infinito valor de conocer a Cristo Jesús, mi Señor. Por amor a él, he desechado todo lo demás y lo considero basura a fin de ganar a Cristo. FILIPENSES 3:8

DÍA 110

✧ **Una oración acerca de los MODELOS A SEGUIR**
Cuando necesito seguir a alguien

DIOS:

Deseo tanto que mis hijos tengan excelentes modelos a seguir. Quiero que tengan en sus vidas a hombres y mujeres que te siguen arduamente. Te pido que tú decretes divinamente interacciones interesantes y conversaciones desafiantes a lo largo de la semana en las vidas de ellos. Gracias por el tiempo y los talentos que estos mentores les dan amablemente a los demás.

Dales a mis hijos ojos para ver cómo la fe de estas personas impacta cada área de sus vidas. Dales oídos para oír las palabras de sabiduría de aquellos que van más avanzados en el camino de su trayectoria espiritual. Dales manos para servir con estas personas, y que descubran cuáles son sus dones y habilidades dados por ti. Dales pies para aplicar estas verdades y que salgan con fe. Gracias, Señor, por el cuerpo de Cristo y sus ejemplos piadosos en las vidas de mis hijos.

Vivan una vida llena de amor, siguiendo el ejemplo de Cristo. Él nos amó y se ofreció a sí mismo como sacrificio por nosotros, como aroma agradable a Dios. EFESIOS 5:2

⚙ Una oración acerca de la APROBACIÓN
Cuando mi hija necesita prosperar en tu aceptación

SEÑOR:

Me duele ver a mi hija esforzarse tanto por la aprobación de los demás. Al igual que la mayoría de nosotros, ella obviamente se siente validada cuando otros la observan, ¡pero qué trampa puede llegar a ser eso! Por favor, llénala con la confianza segura que llega al saber que ella es tu creación única. Recuérdale que no tiene que afanarse para estar en la lista de «aprobado» de alguien. Ayúdala a encontrar su valor en ti.

¡Gracias por hacerme tan maravillosamente complejo! Tu fino trabajo es maravilloso, lo sé muy bien. SALMO 139:14

⚙ Una oración acerca del HOGAR
Cuando estoy agradecida

SEÑOR JESÚS:

Tu Palabra me hace recordar que tú no tuviste una casa terrenal propia. Sé que incluso ahora muchos de tus seguidores alrededor del mundo batallan para encontrar un refugio apropiado. Soy muy bendecida porque tú has provisto un refugio para nuestra familia. Perdónanos por esas ocasiones en las que lo damos por sentado o incluso envidiamos a los que tienen casas más grandes o «mejores» posesiones.

Buscaban un lugar mejor, una patria celestial. Por eso, Dios no se avergüenza de ser llamado el Dios de ellos, pues les ha preparado una ciudad. HEBREOS 11:16

☼ Una oración acerca de los LOGROS
Cuando me siento improductiva

SEÑOR:

No llegué muy lejos esta mañana antes de comenzar a sentirme insegura en cuanto a lo que logro hacer cada día, o más bien, lo que *no* logro hacer. Cada mañana me despierto queriendo lograr esto y aquello, pero la mayoría de las noches me voy a la cama sintiéndome agobiada por todo lo que no logré tachar en mi lista. Ah si pudiera terminar todos mis pendientes, ¡aunque fuera una o dos veces a la semana!

Veo a mi alrededor a otras mujeres que parece que hacen mucho: logran una carrera, administran una casa, ayudan con las tareas, son voluntarias en la escuela, llegan a las actividades de los hijos, ¡y también a tiempo! Valoro mucho esta época de la vida, Padre, y sé que mi deseo de amar a mi familia lo mejor posible es honorable. Pero a veces me gustaría ver resultados tangibles, y sí, incluso recibir un pequeño agradecimiento por todo lo que hago. Por favor ayúdame a quitarme mis capas de duda y que tu luz brille en mi corazón. Necesito tu ayuda para recordar que en tu libro mi logro más grande es vivir cada día como un ejemplo de tu amor, tu verdad y tu gracia.

Sé un ejemplo [...] en lo que dices, en la forma en que vives, en tu amor, tu fe y tu pureza. I TIMOTEO 4:12

☀ Una oración acerca del CONFLICTO
Cuando el perdón es difícil

DIOS:

Mis hijos ven este conflicto en el que me encuentro. Ellos saben que quedé herida, y eso les molesta. Y ya sea que estén conscientes de eso o no, ellos me verán modelar una de dos cosas: guardar rencor o perdonar cuando es difícil. Padre, sé que tengo que perdonar para que mi corazón esté bien, pero también para que la lección no pase inadvertida para mis hijos. Quiero inspirarlos, poder decir Filipenses 4:9 sin vergüenza ni vacilación, sabiendo que a ti te agrada la forma en que trato con este asunto.

¿Ven mis hijos mi corazón perdonador en acción? ¿Tomo la iniciativa con un corazón puro aunque la otra persona no me respete ni comparta mi deseo de honrarte? Estas son cargas pesadas, Dios. Pero no tendré paz a menos que te las entregue y siga adelante en dirección al perdón. Cuando obedezca tus caminos, experimentaré tu paz a pesar de este conflicto, y también disfrutaré tu paz que llega al saber que he hecho bien por el crecimiento de mis hijos. Por favor ayúdame, porque yo sola fracasaré. Gracias, Señor.

No dejen de poner en práctica todo lo que aprendieron
y recibieron de mí, todo lo que oyeron de mis labios y
vieron que hice. Entonces el Dios de paz estará con ustedes.
FILIPENSES 4:9

☼ Una oración acerca de la IMPORTANCIA
Cuando necesito sentirme apreciada

SEÑOR:

Muchas veces me encuentro sintiéndome como si no tuviera ningún valor. Paso mi día y tacho las tareas realizadas en mi lista: lavar platos, hacer mandados, doblar ropa... solo para irme a la cama, despertarme y repetirlo todo de nuevo. Es muy fácil sentir que lo que hago no importa, y después caer en una espiral que lleva a la depresión.

Pero tú ves todo lo que hago todos los días, y no solo lo reconoces como digno, sino ves cómo encaja en el cuadro global. Tú me has dado dones y talentos que encajan en tu gran diseño. Tú tomas todo lo que hago, incluso las cosas pequeñas, y las usas para ayudar a cumplir tu plan. Hazme recordar que estoy reforzando cosas en las vidas de mis hijos. Gracias por ver todo lo que hago y por darme la energía para seguir adelante cada día.

¿Cuánto cuestan dos gorriones: una moneda de cobre? Sin embargo, ni un solo gorrión puede caer a tierra sin que el Padre lo sepa. En cuanto a ustedes, cada cabello de su cabeza está contado. Así que no tengan miedo; para Dios ustedes son más valiosos que toda una bandada de gorriones.
MATEO 10:29-31

✦ Una oración acerca de la BIBLIA
Cuando necesito el poder transformador de tu Palabra

SEÑOR:

Cuento contigo para que obres en mí a través de tu Palabra. Ahora mismo me siento presionada para cumplir muchas demandas, y el estrés perjudica mi sentido de calma. Tú me has hecho saber en el pasado que mi mayor fortaleza frecuentemente es el resultado de tomar un par de minutos para absorber tu energía en tu Palabra, sin importar qué más esté ocurriendo, *especialmente* cuando ocurren muchas otras cosas. Más de ti significa menos caos dentro de mí.

Por favor, bendice esta inversión de tiempo leyendo tu Palabra, mientras confío que tus mensajes penetrarán en mi espíritu. Expande mi corazón, amansa las circunstancias y alisa las partes ásperas dentro y fuera que me llevan al pánico. Revela las tendencias de egoísmo e impaciencia en mí, y equípame para manejar la vida con más semejanza a Cristo. Tu Palabra es poderosa, como tú lo eres, Señor. Gracias por ofrecerme todo tu poder. Que tu Palabra produzca tu fruto en mí y a través de mí.

Toda la Escritura es inspirada por Dios y es útil para enseñarnos lo que es verdad y para hacernos ver lo que está mal en nuestra vida. Nos corrige cuando estamos equivocados y nos enseña a hacer lo correcto. Dios la usa para preparar y capacitar a su pueblo para que haga toda buena obra.
2 TIMOTEO 3:16-17

❀ Una oración acerca de la DISPONIBILIDAD
Cuando veo tantas necesidades a mi alrededor

DIOS:

Abrir el correo esta semana me hizo pensar en muchas necesidades. Globalmente, nacionalmente, localmente, incluso justo en mi vecindario y familia, los corazones sufren. Quisiera tener el poder y la disponibilidad para repararlos. Pero eso no es lo que tú pides de mí. Tú no me pides que yo sola salve a tu mundo, no durante mi vida, no en este año y, definitivamente, no para el mediodía.

A veces paso por alto los regalos diarios de gracia y disponibilidad que puedo ofrecer. Cuando olvido actuar como tus manos y tus pies en los momentos rutinarios, hazme recordar que tú me pides que haga lo correcto y que ame la misericordia. Alinea mi atención con esas metas para que observe continuamente las oportunidades de ofrecer esperanza y sanación. Mantén mi corazón disponible para alguien que quizá necesite tan solo una cálida sonrisa o una palabra de afirmación. Tal vez no confío suficientemente que donde me colocas cada día es exactamente donde encontraré las necesidades que tú quieres que supla. Por favor, ayúdame a vivir misericordiosa y plenamente para ti en este momento. Y en el siguiente momento y en el siguiente y el que sigue...

Oh pueblo, el SEÑOR te ha dicho lo que es bueno, y lo que él exige de ti: que hagas lo que es correcto, que ames la compasión y que camines humildemente con tu Dios. MIQUEAS 6:8

☀ **Una oración acerca de la SEGURIDAD**
Cuando necesito una vía de escape

PADRE CELESTIAL:

Gracias porque incluso cuando vuelvo a leer una historia bíblica favorita con mi hijo, puedo acordarme de tu atento cuidado. Así como mantuviste a Noé y su familia a salvo en el arca, tú rodeas a mi familia con tu fidelidad. Ayúdame a regocijarme de que nosotros también seremos guiados a salvo a lugares de nuevos comienzos.

Entraron un macho y una hembra de cada especie, tal como Dios había ordenado a Noé. Luego el SEÑOR cerró la puerta detrás de ellos. GÉNESIS 7:16

DÍA 119 *Momento de oración*

☀ **Una oración acerca de la AUTOESTIMA**
Cuando quiero edificar a mis hijos

JESÚS:

Perdóname por ser rápida para hablar con enojo hoy. La próxima vez, ayúdame a hacer una pausa y orar antes de abrir mi boca. Quiero edificar a mis hijos, no destrozarlos. Sé que las palabras tienen el poder de darles vida o muerte. Dame tus palabras tanto para formarlos como para apoyarlos, para que crean las cosas más genuinas que puedan decirse de ellos como se encuentran en tu Palabra.

Aliéntense y edifíquense unos a otros, tal como ya lo hacen.
I TESALONICENSES 5:11

⚙ **Una oración acerca de la DISCIPLINA**
Cuando necesito recordar la disciplina amorosa

PADRE DIOS:

Estoy muy agradecida porque tú no me golpeas la cabeza ni me avergüenzas cuando hago un lío. Esas respuestas me harían pedazos porque la mayoría de las veces quiero hacer el bien, a pesar del problema de mi humanidad.

Mi humanidad también se hace patente en mis errores como madre. Señor, necesito recordatorios frecuentes para seguir tu método positivo y alentador de disciplina con mis propios hijos. Son niños maravillosos, pero su comportamiento a veces puede ser enloquecedor, y batallo para contener las reacciones negativas. Aun así, estoy muy segura de que debe haber una forma más inspiradora de edificarlos que lanzando mi ira y frustración hacia ellos.

Cuando tengo que amonestar a mis hijos, ayúdame a hacerlo con una mente tranquila y un corazón amoroso. Tu Palabra me dice que cuando los discipline de manera apropiada, obtendré tranquilidad y alegría. No puedo dejar de preguntarme si eso tiene un efecto de rebote: tal vez, cuando corrija su comportamiento, en tanto que afirmo su valor y mi sincero deleite por ellos como personas, ellos también disfrutarán de tranquilidad y de corazones gozosos.

Por favor, ayúdame a tratar hoy sus corazones con sensibilidad, sabiduría y gracia.

Disciplina a tus hijos, y te darán tranquilidad de espíritu y alegrarán tu corazón. PROVERBIOS 29:17

☼ Una oración acerca del HOGAR
Cuando necesito perspectiva

SEÑOR:

Quiero que mi hogar sea un santuario para mi familia. Tener una casa perfectamente decorada e impecable no es la meta, aunque me puedo distraer fácilmente con la necesidad de jactarme. Quiero crear un lugar donde mi familia se sienta sana y salva. Un lugar donde puedan ser ellos mismos sin miedo a ser juzgados. Un lugar donde puedan renovar sus cuerpos y sus almas. Quiero que sea obvio para todo el que entre que tú moras aquí con nosotros.

Tú eres el latido de nuestro hogar. Quiero que tu amor y tu gracia impregnen nuestra casa cada día y se derramen para bendecir a todas las personas con las que tengamos contacto. Ayúdame a crear esta clase de hogar para mi familia: un hogar que refleje tu Espíritu.

Jesús contestó: «Todos los que me aman harán lo que yo diga. Mi Padre los amará, y vendremos para vivir con cada uno de ellos». JUAN 14:23

☼ **Una oración acerca de la PERSPECTIVA**
Cuando necesito recordar lo que es verdaderamente importante

PADRE CELESTIAL:

Ser madre puede ser abrumador y agotador. En días como esos puedo comenzar a compadecerme de mí misma. Luego una noticia o una petición de oración me hace recordar que muchas madres alrededor del mundo están sobrellevando circunstancias que ni siquiera puedo comenzar a comprender: madres que no tienen el dinero para alimentar, vestir o darle un techo a sus hijos, incluso madres que no están seguras si su hijo sobrevivirá el día. La hambruna, la enfermedad, la angustia y el dolor son parte de este mundo caído.

Pero tú, Padre, has venido a dar esperanza y sanación a todos los que batallan en esta vida. Cada día, tú me has dado más bendiciones de las que puedo contar. Gracias por amarme y por proveer para mí hoy. Ayúdame a recordar que tú eres mi esperanza y mi sanador.

El amor nunca se da por vencido, jamás pierde la fe, siempre tiene esperanzas y se mantiene firme en toda circunstancia.
I CORINTIOS 13:7

☼ Una oración acerca del TRABAJO
Cuando tengo que hacer malabares con las responsabilidades del hogar y del trabajo

SEÑOR:

Estos días siento que necesito aprovechar cada segundo. Hacer que mi familia salga de la casa cada mañana se siente como una carrera contra el reloj. ¿Puedo servir el desayuno, preparar los almuerzos y firmar aquel permiso de la escuela que se extravió antes de que llegue el autobús? Luego, ¿podré cumplir las expectativas de mi jefe en el trabajo y todavía recoger a tiempo a mis hijos después de su práctica extraescolar? En casa, mi mente frecuentemente vaga hacia el montón, cada vez mayor, de correos electrónicos. En el trabajo, frecuentemente quisiera poder ser quien le lee a mi hija preescolar y luego la acomoda para su siesta.

Señor, ayúdame a mantenerme enfocada en lo que esté haciendo en cada momento, confiando en que tú suplirás las necesidades de mis hijos y me darás la creatividad y la resistencia que necesito cada día en el trabajo. Ayúdame a resistir la tentación de tratar de ser la supermamá o la mujer maravilla. Te pido que, en lugar de eso, encuentre gozo genuino y contentamiento al usar mis dones, aunque sea imperfectamente, para servir a otros y dirigirlos hacia ti.

Presta mucha atención a tu propio trabajo, porque entonces obtendrás la satisfacción de haber hecho bien tu labor y no tendrás que compararte con nadie. GÁLATAS 6:4

☼ Una oración acerca del CARÁCTER

Cuando necesito enseñar que la integridad comienza por dentro

SEÑOR:

Todo comienza en la mente, ¿verdad? Cada decisión que una persona toma, para bien o para mal, comienza con un pensamiento. A medida que observo el comportamiento de mis hijos, y aunque no esté con ellos para garantizar la rendición de cuentas, por favor, ayúdame a enseñarles que el carácter comienza por dentro. El carácter va más profundo que la conducta. Cualquiera puede jugar un papel por algún tiempo, pero con el tiempo la verdadera persona emerge.

Por favor, sensibiliza sus corazones para que deseen un carácter sólido que procede de seguirte. Oro para que su integridad brille y que tengan la audacia de hacer lo correcto, aun cuando sus amigos vayan en otra dirección. Hazlos crecer como fieles seguidores de ti y compasivos líderes de gente. Y Padre, por favor ayúdame a que mi carácter impacte la crianza de mis hijos para que ellos sean atraídos a ti, en lugar de sentirse sofocados por muchas normas. El carácter tiene que ser algo del corazón, o en realidad no es nada.

Concéntrense en todo lo que es verdadero, todo lo honorable, todo lo justo, todo lo puro, todo lo bello y todo lo admirable. Piensen en cosas excelentes y dignas de alabanza.

FILIPENSES 4:8

⚜ **Una oración acerca de ENCAJAR**
*Cuando mis hijos se esfuerzan demasiado por
pertenecer al grupo*

PADRE:

Me horrorizo cuando veo a mis hijos esforzarse tanto para
que sus compañeros los acepten. Entiendo sus emociones
porque incluso yo a veces experimento el miedo al rechazo.
Por favor enséñales a mis hijos que su valor y su propósito
se solidifican cuando ellos te pertenecen. Guarda sus corazones y sus mentes cuando otras presiones los tienten a
desperdiciar sus emociones y su integridad, tratando de
agradar a otros más que a ti. Y, por favor, ¿podrías ayudarlos a aprender esta lección mientras son jóvenes?

*Amaban más la aprobación humana que la aprobación de
Dios.* JUAN 12:43

DÍA 126 *Momento de oración*

⚜ **Una oración acerca de la INFERTILIDAD**
Cuando las palabras no son suficientes

SEÑOR:

Hoy mi amiga vino a buscarme llorando. Mes tras mes se ha
decepcionado. Mi corazón se quebranta por ella y por todas
aquellas que lloran la pérdida de sus hijos no nacidos o por
sus vientres estériles. Dale consuelo a mi amiga y a otras que
hoy enfrentan la infertilidad. Oye sus llantos y sé su fortaleza.

*No ha pasado por alto ni ha tenido en menos el sufrimiento
de los necesitados; no les dio la espalda, sino que ha escuchado sus gritos de auxilio.* SALMO 22:24

⚜ Una oración acerca del CRECIMIENTO ESPIRITUAL
Cuando necesito florecer y madurar

DIOS:

Gracias por la oportunidad de trabajar en el jardín. Me encanta estar cerca de tu creación y recordar cómo sustentas la vida. Batallé con demasiada mala hierba hoy, y mi espalda no me permitirá olvidarlo. Es sorprendente ver cuánto se enredan y cuán profundo llegan las raíces. La misma presencia de la mala hierba impacta el bienestar de todas mis otras plantas.

Señor, por favor, permíteme estar profundamente arraigada en ti, y desarrolla mi vida sobre las verdades que se encuentran en las páginas de tu Palabra. Que tu obra santificadora continua en mí haga que mi fe se desarrolle y crezca. Llena mi mente y mi corazón de tu verdad. Dios, quiero que mi vida no solo sea sana sino fructífera. Que la fortaleza de mi caminar espiritual impacte a mis hijos y a sus amigos. Desarraiga mis comportamientos y actitudes pecaminosos. Mi meta, Señor, es buscar crecer con miras a la madurez.

Arráiguense profundamente en él y edifiquen toda la vida sobre él. Entonces la fe de ustedes se fortalecerá en la verdad que se les enseñó, y rebosarán de gratitud. COLOSENSES 2:7

⚙ Una oración acerca de DAR TESTIMONIO

Cuando trato de inducir las conversaciones de fe con otros

SEÑOR:

Las conversaciones que circulan alrededor de la mesa del almuerzo en el trabajo me parecen muy interesantes. La gente revela constantemente la condición de sus corazones con sus palabras. Sé que tú me has colocado divinamente en esta compañía para ser un testimonio del evangelio.

Por favor usa las palabras de mi boca para hacer que otros deseen una relación contigo. Haz que sea una mujer *salada* que ayude a otros a tener sed de la verdad. Dame sabiduría y discernimiento al considerar cómo inducir las conversaciones significativas con la gente. Rocía mis palabras con gracia y amor para que pueda ganar a mis hermanos y hermanas. Ayúdame a priorizar el tiempo en tu Palabra para llenar mi mente de tu verdad. Prepara mi corazón para que siempre pueda estar lista para dar una respuesta de la esperanza que hay dentro de mí.

«Ustedes son la sal de la tierra. Pero ¿para qué sirve la sal si ha perdido su sabor? ¿Pueden lograr que vuelva a ser salada? La descartarán y la pisotearán como algo que no tiene ningún valor». MATEO 5:13

☼ Una oración acerca del PROPÓSITO
Cuando me pierdo en la transición

PADRE:

Me siento perdida hoy, en medio de muchas transiciones. En esta nueva etapa de la vida, tengo muchas posibilidades para elegir. La verdadera pregunta que tengo enfrente es, ¿qué dirección tomaré? Ayúdame a buscarte a ti primero. Perdóname cuando la gente, las posesiones y otras prioridades compitan por el primer lugar en mis sentimientos. Muéstrame qué significa estar llena de celo y ser intencionada mientras deseo hacer tu voluntad.

Padre, ¿podrías gobernar y reinar en mi corazón de tal manera que nunca más sea tentada a tratar de destronarte? Quiero vivir una vida que te agrade. Te agradezco por tu promesa de que mientras me esfuerzo en buscarte por encima de todo lo demás, tú me darás todo lo que necesito. Ayúdame a abandonar mis deseos de autocomplacencia. Señor, sé que a medida que establezco esto en mi corazón, tú me enseñarás que tienes tus mejores propósitos para mí en esta nueva etapa de mi vida.

Busquen el reino de Dios por encima de todo lo demás y lleven una vida justa, y él les dará todo lo que necesiten.
MATEO 6:33

⚙ Una oración acerca de las NECESIDADES
Cuando me siento abrumada

PADRE CELESTIAL:

Solamente tengo que ver el último reporte de noticias o revista de crianza de los hijos para sentir que hay muchas maneras de echarlo todo a perder como madre. Pero luego, puedo llegar a quedar paralizada con el miedo de hacer o decir algo equivocado. Sé que tú no quieres que viva con miedo a equivocarme. Tú quieres que viva con una constante rendición a tu voluntad y que confíe en que tú me ayudarás a criar a mi hijo en un hogar amoroso. El hecho es que cometeré errores. Pero tú puedes hacer que todo coopere para el bien. Tú amas a mi hijo y tienes un buen plan para su vida.

Gracias por darme esta pequeña vida para criarla juntamente contigo. Ayúdame a buscarte para que me guíes cada día, mientras me hago camino como madre. Gracias por acompañarme en este viaje y por confiarme esta vida preciosa.

«No tengas miedo, porque yo estoy contigo; no te desalientes, porque yo soy tu Dios. Te daré fuerzas y te ayudaré; te sostendré con mi mano derecha victoriosa». ISAÍAS 41:10

☼ Una oración acerca de la PAZ
Cuando necesito un momento tranquilo

OH, SEÑOR:

A medianoche la casa está tranquila. Me encanta asomarme a ver a mis hijos que duermen y ver la inocencia pacífica en sus rostros. Mi corazón rebosa de amor por ellos, y las preocupaciones del día se desvanecen. Si solo pudiera embotellar esta serenidad y sacarla durante las horas del día, cuando me siento atosigada y agotada y cuando llego a mi límite.

Tú, Señor, has prometido darme descanso y paz. Has prometido sobrellevar mis cargas y aliviar el peso que tengo encima. Ayúdame a permitirte llevarme a prados verdes apacibles. Restaura mi alma, como has prometido que lo harás. Hazme recordar en medio de mi actividad frenética que tú eres mi pastor y que lo único que tengo que hacer es seguirte.

El SEÑOR es mi pastor; tengo todo lo que necesito. En verdes prados me deja descansar; me conduce junto a arroyos tranquilos. Él renueva mis fuerzas. Me guía por sendas correctas, y así da honra a su nombre. SALMO 23:1-3

⚙ **Una oración acerca de la FATIGA**
Cuando me motivas a rendirme a tu poder

JESÚS:

Nuestra hija tiene problemas otra vez. Nuestros corazones están hastiados y fatigados. Estamos agotados de tratar de arreglar la situación; nos rendimos a tu voluntad. Solamente tú puedes rescatarla y restaurar su fe. Ella siempre te ha pertenecido. Tú la amas y la conoces mucho mejor que nosotros. Venimos a ti con nuestras lágrimas y oraciones, pidiéndote que la acerques a ti. Danos precisamente las palabras apropiadas y la sabiduría cuando hablemos con ella próximamente.

Me guías con tu consejo y me conduces a un destino glorioso.
SALMO 73:24

⚙ **Una oración acerca de los VECINOS**
Cuando necesito llegar a ellos

SEÑOR:

Tú me has colocado en esta comunidad por alguna razón. Tú conoces a cada uno de mis vecinos por nombre. Tienes un plan para ellos. Ayúdame a verlos a través de tus ojos, y muéstrame cómo quieres usarme en sus vidas hoy. Para los que están solos, que yo refleje tu amor. Para los que se sienten recargados, que yo refleje tu gracia.

«*Tuve hambre, y me alimentaron. Tuve sed, y me dieron de beber. Fui extranjero, y me invitaron a su hogar*».
MATEO 25:35

☼ Una oración acerca del CONFLICTO

Cuando me siento tentada a retraerme de la tensión

SEÑOR:

¡Cuánto amo la paz! La tensión no me gusta, por lo que evito el conflicto. Señor, tú también valoras la paz, porque hablas mucho de ella en tu Palabra. Me parece que una perspectiva más sana de vivir en paz puede darme el valor que necesito para permanecer firme y amable en medio del conflicto.

Jesús, tú das el ejemplo de trabajar por la paz. La paz no significa rendirse ante un pendenciero o una mentira para evitar una discusión. La preservación de la paz muchas veces requiere procurar la paz. Ser pacífico significa esforzarse en algo difícil o amenazador por el beneficio de algo superior. Me encanta tu promesa de bendecir a los que trabajan por la paz. Tú me das permiso para permanecer firme. Incluso me ayudas a vivir en tu poder como hija tuya cuando hago el trabajo difícil que se requiere para permanecer firme en tus caminos. Gracias porque no tengo que rendirme ante el temor. Tú deseas mucho más para mí. Por tu gracia y poder, trabajaré por la paz incluso cuando signifique que la tensión se intensifica por un momento.

«Dios bendice a los que procuran la paz, porque serán llamados hijos de Dios». MATEO 5:9

※ **Una oración acerca del RIESGO**
Cuando temo a lo desconocido

DIOS:

Confieso que tengo aversión al riesgo. La incertidumbre de lo desconocido frecuentemente me paraliza. Me da miedo probar cosas nuevas e iniciar relaciones nuevas. Veo demasiado potencial para la decepción y el fracaso. ¿Qué pasa si las cosas no salen bien? ¿Qué pasa si no le agrado a la gente involucrada? Señor, temo que me he perdido bendiciones que podrían haber sido mías si solamente hubiera confiado en que tú estarías allí mientras entraba a lo desconocido. Por favor, muéstrame los escondrijos ocultos de mi corazón donde es necesario reemplazar el miedo con la fe. Ayúdame a caminar por fe y no por vista.

Tú has preparado un camino para mi vida, y ahora tú me llamas a seguir adelante, confiada en lo mejor que tienes para mí. Hazme ver las oportunidades para confiar en ti en los acontecimientos que tengo ante mí. Dame guía y dirección para circular por los caminos extraños y desconocidos que tengo enfrente. Desafíame a confiar en que, a medida que doy pasos, tú siempre estarás allí para ir delante de mí y detrás de mí, cercándome con tu amor.

Vivimos por lo que creemos y no por lo que vemos.
2 CORINTIOS 5:7

☼ Una oración acerca de las OPORTUNIDADES
Cuando tengo que ser audaz

SEÑOR:

Siento la carga por los miembros de mi familia que todavía no conocen la libertad que se produce al seguirte. Quiero que cada uno de ellos sepa cómo es caminar contigo y confiarte su vida. Sé que tú deseas que cada persona se vuelva a ti, y sé que tengo que jugar un papel para cumplir esa meta.

A veces soy demasiado tímida para hablar de ti con mi familia no salva, porque tengo miedo de alejarlos o me preocupa lo que ellos puedan pensar de mí. Ayúdame a hacer a un lado mis temores y a compartir mi fe con la confianza que solo puede venir de ti. Ayúdame a aprovechar cada oportunidad que me das y a no irme con remordimientos por lo que pude haber dicho. Hazme recordar que eleve a ti en oración a mi familia no salva, sabiendo que tú me oirás y me responderás. Ayúdame a ser paciente en el proceso y a no desanimarme si no veo resultados inmediatos. Gracias por salvarme y por desear una relación íntima con cada persona que has creado.

No es que el Señor sea lento para cumplir su promesa, como algunos piensan. Al contrario, es paciente por amor a ustedes. No quiere que nadie sea destruido; quiere que todos se arrepientan. 2 PEDRO 3:9

☼ Una oración acerca de la FATIGA
Cuando tu fortaleza se revela en mi debilidad

SEÑOR:

Cuánto me gustaría desechar la fatiga como ropa desgastada. Imagina esa libertad. Imagina esa fortaleza ahora, cuando me siento tan exhausta. Señor, me encanta la forma en que tú pones de cabeza la realidad con tu mejor opción. Tomas a los seres humanos agotados y recargados y muestras que tú quieres ser fuerte por nosotros. Por favor haz esa maravilla en mí hoy, Señor. Estoy lista. Estoy dispuesta. Y estoy cansada de estar cansada. Quiero ser capaz de decir el versículo de hoy desde una experiencia personal, así que ayúdame a enfocarme en tu poder capacitador. Silencia el ruido en mi espíritu con tu silencio santo.

¿Cómo se sentiría prosperar victoriosamente cuando me siento en mi punto más bajo? Por favor glorifica tu gran nombre haciendo algo nuevo en y a través de mí. Soy tuya ahora, todo lo mejor y lo peor de mí. Date a conocer en esta historia que me das para vivir. Gracias, Señor, por lo que haces y lo que vas a hacer para demostrar que tú eres el Dios de lo nuevo. El Señor de los cansados. El reconstructor de los quebrantados. Por favor, seamos victoriosos juntos hoy.

Te daré fuerzas y te ayudaré; te sostendré con mi mano derecha victoriosa. ISAÍAS 41:10

☼ Una oración acerca de la SEGURIDAD
Cuando me encuentro en un terreno inestable

DIOS ETERNO, TODOPODEROSO:

Regularmente, parece que caigo en la «trampa de las comparaciones». Cuando me comparo con otra madre, me encuentro severamente deficiente. Admito que me inclino a encontrar mi seguridad en los logros y el aplauso de los demás. Todas esas búsquedas vanas me dejan en un terreno inestable.

Tú eres mi roca, Señor. Tú eres mi fundamento seguro y firme. Permíteme esconderme todos los días en ti. Guarda mi corazón y mente recordándome tu amor firme. Gracias por ser mi Salvador. Tu gracia es un santuario seguro donde tengo la libertad de expresarme. Protégeme, Señor, de tratar de ser alguien que no soy. Tú eres un escudo que me protege de las mentiras feroces del malvado. Tu Palabra me recuerda que solo tú eres el lugar más seguro en el que mi identidad se puede apoyar.

El SEÑOR es mi roca, mi fortaleza y mi salvador; mi Dios es mi roca, en quien encuentro protección. Él es mi escudo, el poder que me salva y mi lugar seguro. SALMO 18:2

⚙ **Una oración acerca de la CREATIVIDAD**
Cuando quiero alabarte por tus maravillas

DIOS CREADOR:

Ah, qué día tan glorioso para disfrutar tu creación. Gracias por darnos un mundo tan bello en el cual vivir esta vida temporal. Solo puedo imaginar qué traerá el próximo. Oro para que las maravillas de tu mano me orienten constantemente hacia las maravillas de tu corazón. Por favor haz que mis hijos también se den cuenta de tu creatividad.

Oh SEÑOR, ¡cuánta variedad de cosas has creado! Las hiciste todas con tu sabiduría. SALMO 104:24

DÍA 140 *Momento de oración*

⚙ **Una oración acerca de QUEJARSE**
Cuando el hogar llega a ser un basurero

DIOS:

Como familia, necesitamos la libertad de ser nosotros mismos en casa. Pero últimamente parece que compartimos nuestras quejas más que nuestras alegrías. Ayúdanos a practicar la gratitud en lugar de quejarnos, y permite que esta mentalidad comience conmigo. Permite que mi familia me oiga hacer el esfuerzo de bendecir con mis palabras. Oro para que este nuevo hábito de la gratitud sea una fuente contagiosa de gozo para todos nosotros.

Que todo lo que digan sea bueno y útil, a fin de que sus palabras resulten de estímulo para quienes las oigan.
EFESIOS 4:29

☼ Una oración acerca de la PAZ
Cuando necesito que me restablezcas

DIOS:

He vuelto a casa después de un día largo y frenético, cuando aparentemente todas las personas y todo lo que enfrenté estaban en un caos total. Estoy muy consciente de que la desorientación y confusión que me rodean no es lo que tú tenías planificado para la vida desde el inicio del tiempo.

Tú, Dios, eres el Creador que saca significado, propósito y vida de la oscuridad. Anhelo que hagas esto una realidad en mi corazón. Necesito percibir tu paz que sobrepasa todo entendimiento. Anhelo que mi vida fragmentada y hecha añicos sea reemplazada por una solidez que solo puede llegar de ti. Oh, Señor, por favor llena el vacío en mi vida con tu gozo y paz, mientras aprendo diariamente lo que significa creer tu Palabra y confiar en que tú tienes un plan y un propósito para mi vida. En lugar de que en mi vida fluyan la frustración, la desesperación y las lágrimas, ¿podrías llenarme de la consciencia de tu amor? Necesito una esperanza que no me decepcione ni me deje sin rumbo. Dios, necesito confiar en tu paz, momento a momento.

Le pido a Dios, fuente de esperanza, que los llene completamente de alegría y paz, porque confían en él. Entonces rebosarán de una esperanza segura mediante el poder del Espíritu Santo. ROMANOS 15:13

☼ Una oración acerca de la GUÍA
Cuando necesito ayuda para encontrar mi camino

PADRE CELESTIAL:

Quisiera que hubiera un mapa de la vida, algo que pudiera consultar cada día para asegurarme de que estoy en el camino correcto. Quiero con todas mis fuerzas tomar las decisiones correctas para criar a mis hijos, y a veces siento que me pierdo en el camino. Si pudiera ver adónde me llevan mis elecciones y decisiones, la travesía sería mucho más clara.

Olvido que tú me has provisto de un mapa en tu Palabra, y que me invitas a sumergirme en ti. Cuando aprenda a permanecer verdaderamente, tú dirigirás mi camino y estarás a mi lado en la travesía. Esto requiere esfuerzo intencional de mi parte, entonces enséñame a permanecer en ti y a estar contigo cada día. Recuérdame que pase tiempo leyendo tu mapa para mi vida cada día.

Permanezcan en mí, y yo permaneceré en ustedes. Pues una rama no puede producir fruto si la cortan de la vid, y ustedes tampoco pueden ser fructíferos a menos que permanezcan en mí. JUAN 15:4

☀ **Una oración acerca del DESGASTE**
Cuando me siento completamente agotada

SEÑOR:

Necesito la liviandad que tú ofreces hoy. Estoy desgastada
por esforzarme tanto, y necesito otra forma de hacer las
cosas. Por un lado, me encanta mi empuje. Me desafía, me
emociona, me mantiene soñando y nunca permite que me
aburra. Pero, últimamente, ese mismo sentido de ambi-
ción me ha llevado a un límite. Estoy exhausta, y necesito
tu ayuda para que me fortalezcas y me ayudes a encontrar
un mejor equilibrio entre el trabajo y el descanso.

Y algo más, Señor. Si hay alguna motivación enfermiza
en mi deseo de tener éxito, ya sea la oportunidad de cons-
truir mi propio reino, de ser vista como capaz y digna por
lo que hago, o de exponer a alguien más, por favor lím-
piame de esos motivos. Elijo descansar en ti ahora en lugar
de desgastarme tratando de ser alguien especial. Por favor
guía mi empuje y úsalo para glorificarte y para edificar tu
reino, en tu tiempo.

*Dijo Jesús: «Vengan a mí todos los que están cansados y
llevan cargas pesadas, y yo les daré descanso. Pónganse mi
yugo. Déjenme enseñarles, porque yo soy humilde y tierno
de corazón, y encontrarán descanso para el alma. Pues mi
yugo es fácil de llevar y la carga que les doy es liviana».*
MATEO 11:28-30

DÍA 144

※ Una oración acerca de la VERDAD ABSOLUTA
Cuando el mundo desea el gris

DIOS:

No estoy segura de si debería apagar el televisor con disgusto o mirar más tiempo y orar más. Quiero saber qué pasa en el mundo, pero mis emociones circulan en una montaña rusa cuando los mensajes de los medios de comunicación empañan tus verdades en blanco y negro y las convierten en gris. Dios, la mayor parte del mundo no quiere oír de ti, pero tú eres exactamente a quien necesitamos. ¿Qué papel juego al permanecer firme en tu verdad? ¿Cómo doy gracia sin ceder en las áreas que alejan a la gente de ti? Estas preguntas nunca dejan de sacarme suspiros profundos. ¿Suspiras tú frecuentemente cuando nos ves en la tierra?

Por favor, graba en mí más claramente las verdades no negociables acerca de ti: Jesús es el único Salvador; tú eres el único Dios digno de alabanza; un día todos se inclinarán ante ti; tu amor es eterno; tu corazón compasivo anhela que cada uno de nosotros reciba y celebre tu perdón. Ayúdame a proclamar tu verdad absoluta, en tanto que exhibo tu gracia en todo lo que digo y hago. Y haz que esa combinación sea impactante y atractiva.

Pues es Jesús [...]: «La piedra que ustedes, los constructores, rechazaron ahora se ha convertido en la piedra principal». ¡En ningún otro hay salvación! Dios no ha dado ningún otro nombre bajo el cielo, mediante el cual podamos ser salvos.
HECHOS 4:11-12

☀ Una oración acerca de la FORTALEZA
Cuando necesito una perspectiva renovada

PADRE CELESTIAL:

Estoy agradecida por los padres mayores y más sabios que conozco y que me han animado al hacerme saber que la crianza de los hijos es un maratón y no una carrera de velocidad. Aun así, al pisar otro juguete pequeño, me pregunto cómo lograré llegar a la meta. Me pregunto qué obstáculos e impedimentos enfrentaré en el camino. ¿Cómo aguantaré cuando la carrera que todavía tengo por delante parece tan larga?

Oh, Padre, ayúdame a confiarte todos los aspectos ocultos y desconocidos de esta carrera. A través de tu Palabra y la oración, ayúdame a levantarme por encima de lo trivial y ver el cuadro más amplio. Tu meta para mis hijos es que ellos, con el tiempo, alcancen la madurez en su trayectoria de fe contigo. Ayúdalos a descubrir cómo los hiciste. Apóyalos cuando salgan en fe a usar sus dones para tu gloria. Dios, por favor dame la perspectiva y la resistencia para los períodos largos de tiempo en los que vea muy poca evidencia de tu obra en sus vidas. Renueva mi fortaleza hoy, y permite que vuele alto contigo.

Los que confían en el SEÑOR encontrarán nuevas fuerzas; volarán alto, como con alas de águila. Correrán y no se cansarán; caminarán y no desmayarán. ISAÍAS 40:31

✦ Una oración acerca de la SATISFACCIÓN
   Cuando me quedo vacía e insatisfecha

SALVADOR:

Parece que ciertos apetitos insaciables, ya sea por la atención, los elogios o simplemente por la cafeína, controlan
mi vida. Tengo hambre y sed de cosas que nunca me deja-
rán satisfecha. Esas búsquedas temporales siempre me
dejan sintiéndome vacía, no realizada. Por favor dame
un apetito renovado, Señor: el deseo de ir celosamente en
busca de ti y de tu Palabra. Gracias por la seguridad de que
a medida que vamos en busca de las cosas que te agradan,
seremos bendecidos y quedaremos satisfechos.

*Dios bendice a los que tienen hambre y sed de justicia, por-
que serán saciados.* MATEO 5:6

DÍA 147 *Momento de oración*

✦ Una oración acerca del DOLOR
   Cuando necesito el consuelo de Dios

SEÑOR:

Tú eres mi abrigo y refugio en las tormentas de la vida.
Saber que tú ves cada lágrima que cae y prometes no
dejarme nunca me consuela mucho. Gracias por ser el
Gran Médico en medio de mi dolor.

*Él les secará toda lágrima de los ojos, y no habrá más muerte
ni tristeza ni llanto ni dolor. Todas esas cosas ya no existirán
más.* APOCALIPSIS 21:4

☼ Una oración acerca de las CIRCUNSTANCIAS
Cuando necesito recordar que Dios es mayor que mi situación

PADRE CELESTIAL:

Siento que la presión me ahoga. No puedo seguir el ritmo, y mi corazón se siente muy pesado. Señor, tú dices que estás conmigo, que eres poderoso para salvar. No siento tu deleite ahora mismo, pero cuento con tu amor.

¿Podrías, por favor, tranquilizar mi corazón mientras obras en mis circunstancias? He oído que tú calmas la tormenta o calmas a tu hijo. Acepto cualquiera de las dos, Señor. Solamente necesito una fe nueva para creer en tus promesas y confiar en tu fidelidad. A veces me preocupo porque mi situación me supera, y tú pareces estar muy callado. Aunque decidieras quedarte callado, puedo confiar en ti y descansar en lo que sé de ti, que me amas y haces planes para mi beneficio. Por favor dame gracia en todo esto para creer en ti. Gracias por cantar por mí ahora mismo.

Pues el SEÑOR tu Dios vive en medio de ti. Él es un poderoso salvador. Se deleitará en ti con alegría. Con su amor calmará todos tus temores. Se gozará por ti con cantos de alegría.
SOFONÍAS 3:17

✿ Una oración acerca de la OBEDIENCIA
Cuando quiero ir por mi propio camino

SEÑOR:

Recientemente, al ver a mi hija hacer un berrinche total, me di cuenta de que yo puedo ser así de infantil cuando se trata de hacer las cosas a mi manera. En tanto que físicamente quizá no lance mi cuerpo al suelo y grite a todo pulmón, a veces soy muy desafiante al decir que no quiero seguir tu voluntad. Creo que mi manera es la mejor y no me importa confiarte a ti todas mis decisiones.

Quiero aprender a tratar a mi propia hija con la misma paciencia y amor que tú me muestras cuando hago mis berrinches. Tú esperas gentilmente que termine mi arrebato y te permita guiarme, generalmente después de haberme caído de bruces. No sé por qué espero hasta caer antes de cederte el firme control de mi vida. Perdóname por no confiar en ti y no dejar que me muestres el camino correcto. Transforma mi corazón en uno de obediencia humilde.

Samuel respondió: «¿Qué es lo que más le agrada al SEÑOR: tus ofrendas quemadas y sacrificios, o que obedezcas a su voz? ¡Escucha! La obediencia es mejor que el sacrificio, y la sumisión es mejor que ofrecer la grasa de carneros».
I SAMUEL 15:22

☼ Una oración acerca de la ACEPTACIÓN
Cuando batallo con las acciones de mi hijo

SEÑOR:

Tú también lo viste. Los dos vimos a mi hijo actuar terriblemente. Este patrón de comportamiento está llegando a ser común y, muy sinceramente, afecta mi aceptación de él. Es difícil admitirlo. Detestaría que él percibiera mi insatisfacción de él como persona. Él es mucho más que sus acciones, pero batallo para mantener eso en mente cuando parece que sus decisiones egoístas dominan su naturaleza.

Padre celestial, ayúdame a ser la madre que él necesita. Tú me aceptas con todo y un corazón estropeado. Permite que tu Espíritu reine en el mío, para que mis límites amorosos hablen mucho de la aceptación de su personalidad, al mismo tiempo que no lo dejo salirse con la suya con las cosas malas que sigue haciendo. Este es un asunto del corazón, tanto para mi hijo como para mí, y lo que él ve en mi corazón en cuanto a él lo impactará de forma positiva o negativa para el resto de su vida. Esta es una carga pesada. Pero tú eres mi Padre perfecto, y confío en que tú me ayudas a crecer. Cambia mi corazón de la forma necesaria, para ayudar a sanar y transformar el de él. Gracias por darme el ejemplo de cómo amar cuando es difícil.

Que las palabras de mi boca y la meditación de mi corazón sean de tu agrado, oh SEÑOR, mi roca y mi redentor.
SALMO 19:14

✦ Una oración acerca de los SENTIMIENTOS
Cuando estoy llena de ansiedad y dudas

PADRE:

Cada momento es el momento oportuno para confiar en ti. Pero cuando mi corazón tiene miedo y se siente inseguro, quiero correr y esconderme. Cuando estoy enojada, quiero tratar de obtener un ápice de control. Durante los días largos de desesperación, me siento vulnerable y expuesta, y anhelo un lugar seguro para descansar.

Así que hoy, ya sea que tenga sentimientos de mucho ánimo o mucha depresión, decido confiar en ti. Pongo todas mis ansiedades y necesidades a tus pies. Tú has hecho una invitación abierta para que nos reunamos contigo en el trono de gracia. Cuando soy tentada a dejar que mis sentimientos suban y bajen con los cambios de mis circunstancias, por favor, hazme recordar que no se trata de esforzarme más, sino de confiar más completamente. Perdona mis dudas, mi temor no expresado de que en realidad tú no tienes mi beneficio en mente cuando los acontecimientos inesperados me derriban. Tú, Padre, eres mi refugio y mi roca. Permite que yo esté plantada firmemente en la realidad de tu cuidado soberano.

Oh pueblo mío, confía en Dios en todo momento; dile lo que hay en tu corazón, porque él es nuestro refugio. SALMO 62:8

DÍA 152

☼ **Una oración acerca de la UNIDAD**
Cuando tengo relaciones rotas

SEÑOR JESÚS:

Todas las palabras finales son preciosas, pero especialmente las tuyas cuando te diriges a la cruz. Estas palabras me desafían y me condenan. Tú nos amaste lo suficiente como para orar por nosotros. Tú reconociste que una de las amenazas más grandes para nosotros es el quebrantamiento en nuestra relación contigo y nuestras relaciones con otros. Con el paso de los años, tú me has recalcado que el vínculo vital para experimentar paz con los demás en realidad reside en si tengo paz contigo y paz interna.

Perdóname por permitir que exista el conflicto con los demás. Sé que tu corazón sufre y mi testimonio se contamina para un mundo que observa. La verdad es que mi unidad contigo y con los demás validará o negará las afirmaciones del evangelio. Buscar la reconciliación y la paz no es un asunto trivial. Ayúdame a mantener cuentas claras contigo y con los demás. Anhelo ser una mujer que es pronta para arrepentirse. Ayúdame a desplazarme hoy con amor hacia los que he ofendido. Que yo perdone a otros con la misma gracia abundante con la que tú me has perdonado.

Te pido que todos sean uno, así como tú y yo somos uno, es decir, como tú estás en mí, Padre, y yo estoy en ti. Y que ellos estén en nosotros, para que el mundo crea que tú me enviaste.
JUAN 17:21

⚙ Una oración acerca de la CRIANZA DE LOS
  HIJOS
  Cuando siento el peso de la responsabilidad

SEÑOR:

Tú me has confiado estas pequeñas vidas para nutrirlas y
protegerlas. La tarea que tengo enfrente me hace sentir
humilde. Ayúdame a enseñarles a mis hijos a amarte con
todo su corazón, su alma y su mente. Permíteme edificarlos para que puedan aceptar su singularidad y aprender a
usar sus talentos y sus dones para tu gloria.

*Dirige a tus hijos por el camino correcto, y cuando sean
mayores, no lo abandonarán.* PROVERBIOS 22:6

⚙ Una oración acerca del EQUILIBRIO
  *Cuando tú nos dices que vayamos en contra de las
  tendencias actuales*

SEÑOR:

Frecuentemente desplazas a tus genuinos oidores por caminos inusuales. Por favor, ayuda a mis hijos a aprender a
oírte en lugar de seguir ciegamente las corrientes. Ayúdalos
a equilibrar la influencia de la presión externa con el valor
para salirse de la norma de acuerdo con tus instrucciones.

*No imiten las conductas ni las costumbres de este mundo,
más bien dejen que Dios los transforme en personas nuevas
al cambiarles la manera de pensar. Entonces aprenderán a
conocer la voluntad de Dios para ustedes, la cual es buena,
agradable y perfecta.* ROMANOS 12:2

☼ Una oración acerca de la VOLUNTAD DE DIOS
Cuando quiero buscar tu propósito final para mi vida

PADRE:

Cuando mis hijos eran pequeños y desobedecían, trataban de esconderse de ti y, muy probablemente, de mí también. No recordaban que tú sabes si estamos en el centro de tu voluntad y que examinas todos nuestros pensamientos, nuestras acciones y nuestros motivos. Pero yo también olvido frecuentemente tu mirada soberana, y trato de cubrir mi pecado y vergüenza con justificaciones endebles.

Mis hijos ya crecieron y ahora viven lejos de mi alcance, pero nunca lejos del tuyo. Oro por ellos hoy, para que busquen ponerte en primer lugar en sus vidas. Que su búsqueda principal sea vivir en el centro de tu voluntad decretada. En ese lugar encontramos propósito, satisfacción y gran alegría. Dales sabiduría y discernimiento al tomar las decisiones diarias. Por favor, reaviva en ellos un amor por tu Palabra y dales la gracia para vivir según sus verdades. Que mis hijos y yo nos acerquemos más los unos a los otros mientras buscamos permanecer cerca de ti.

Busca su voluntad en todo lo que hagas, y él te mostrará cuál camino tomar. PROVERBIOS 3:6

☼ Una oración acerca de la TRANQUILIDAD
Cuando necesito descanso

DIOS:

Admito que soy adicta al drama y a la conmoción. Irónicamente, encuentro un poco de consuelo en la incertidumbre que el caos puede ocasionar. El silencio y el cese de la actividad a veces puede asustarme. Dios, sé que necesito volver a ti como mi primer amor. Ayúdame a descansar de mis labores y mis preocupaciones y a descansar en ti. Consuélame con tu cuidado y provisión soberanos. Confieso que estoy cansada de llevar la vida con mis propias fuerzas.

Señor, quiero confiar en ti y en tu plan para mí. Como madre, necesito la confianza para cumplir este llamado. Ayúdame a ver que eso solo se puede adquirir al tranquilizar mi corazón y mi alma ante ti. Dios, me rindo al silencio y buscaré aceptar el descanso, la tranquilidad y la confianza que se ofrece en y a través de Jesucristo.

Esto dice el SEÑOR Soberano, el Santo de Israel: «Ustedes se salvarán solo si regresan a mí y descansan en mí. En la tranquilidad y en la confianza está su fortaleza».
ISAÍAS 30:15

☼ Una oración acerca del PODER DE DIOS
Cuando necesito saber precisamente cuán impotente soy

DIOS:

¿Qué me hizo pensar que tenía el poder para controlar algo? Aun así, todavía me despierto cada día pensando que en realidad puedo hacer que ocurran cosas. Frecuentemente voy tras esa noción hasta que llego al final de mi fortaleza, de mis ideas y de mí misma. Dios, ¿es esta la única manera para que entienda verdaderamente que tú eres el punto de referencia para cada parte de mi vida?

Todo lo que existe en mi mundo llega de tu buena mano, y estoy muy agradecida porque tú también sustentas todo lo que das. Perdóname por mis pequeños esfuerzos de tratar de mantener *cualquier* aspecto de mi vida. Te agradezco porque, mientras provees y sustentas todas las cosas, siempre tienes un propósito mayor que los que creo que puedo ver. Solo tú, Dios, tienes el poder de hacer que todas las cosas sean para la gloria de tu nombre.

Todas las cosas provienen de él y existen por su poder y son para su gloria. ¡A él sea toda la gloria por siempre! Amén.
ROMANOS 11:36

DÍA 158

❖ Una oración acerca de la AMABILIDAD
Cuando quiero venganza

OH SEÑOR:

Hay pocas cosas peores que cuando alguien lastima a mi hija. La madre osa furiosa que hay en mí se despierta y quiero salir a pelear. Y aunque hay veces en las que sí me pides que proteja o respalde a mi hija, más frecuentemente me diriges a que devuelva el mal con compasión. No es natural para mí querer ser amable con mis enemigos (o los de mi hija), y no puedo hacerlo con mis propias fuerzas.

Necesito que me des el poder de refrenar mi lengua. Necesito tus palabras para enseñarle a mi hija cuándo debe poner la otra mejilla o cuándo defenderse. Haz que recuerde que tú puedes usar nuestra amabilidad en medio de la ofensa para llevar a otros a ti. Y recuérdanos que tú nos has manifestado amabilidad cuando no la merecemos.

¡Amen a sus enemigos! Háganles bien. Presten sin esperar nada a cambio. Entonces su recompensa del cielo será grande, y se estarán comportando verdaderamente como hijos del Altísimo, pues él es bondadoso con los que son desagradecidos y perversos. LUCAS 6:35

☼ Una oración acerca de la CULTURA
Cuando quiero hacer un impacto positivo

DIOS:

Tiene que haber más. Sí, este mundo todavía se dirige a la destrucción. Sí, nuestro modo estándar es dejar que nuestra naturaleza humana dirija, incluso cuando te hemos oído decir que tu camino es mucho mejor. Es que estoy cansada de simplemente quejarme de los problemas, de preocuparme por la forma en que mis hijos se verán afectados por la lógica errónea, por las «verdades» que les enseñan que suenan muy buenas en la superficie.

Señor, quiero criarlos no solo para evitar lo negativo, sino para que sean una firme influencia a favor de tu camino. Tú no nos llamaste solo para estar a la defensiva en cuanto a nuestra fe. Sí, es vital saber lo que creemos y por qué, y tener el valor de defender tu verdad. Pero también tenemos que saber cómo compartir esa verdad de una manera amorosa y sanadora que atraiga a la gente a tu santidad. Señor, desarrolla en mis hijos (y en mí) la fe firme que cree que tú mueves montañas y la seguridad de que tú deseas que te ayudemos. Que estas almas jóvenes a mi cuidado hagan impacto en nuestra cultura para ti.

Mientras Pablo los esperaba en Atenas, se indignó profundamente al ver la gran cantidad de ídolos que había por toda la ciudad. Iba a la sinagoga para razonar con los judíos y con los gentiles temerosos de Dios y hablaba a diario en la plaza pública con todos los que estuvieran allí.
HECHOS 17:16-17

✷ Una oración acerca de la CONFIANZA
Cuando necesito un mejor plan para mi vida

SEÑOR:

Tú lo sabes todo acerca de mi tendencia a confiar en mis propios planes y patrones. Por demasiado tiempo he confiado en mi propio entendimiento y experiencias. Aun así, no encuentro paz duradera y contentamiento por mi cuenta. Así que, aunque mi corazón esté lleno de temor a lo desconocido, me someto a tu plan soberano hoy. Descanso en la seguridad de tu plan providencial para mi alma.

Confía en el SEÑOR con todo tu corazón; no dependas de tu propio entendimiento. PROVERBIOS 3:5

DÍA 161 *Momento de oración*

✷ Una oración acerca del CONTACTO
Cuando necesito un momento tierno

SEÑOR:

Mientras amamanto a mi hijo más pequeño, te agradezco por estas oportunidades tranquilas e íntimas de afianzar el vínculo con mi bebé. La paz y seguridad de este momento me reconfortan. La cercanía que siento con este niño es un reflejo tenue del vínculo que tú y yo tenemos. Gracias por acercarte a mí y por acercarme a tu corazón. Tu supervisión de mi vida me nutre y me protege. Que yo siempre descanse en tus brazos eternos.

Me he calmado y aquietado, como un niño destetado que ya no llora por la leche de su madre. Sí, tal como un niño destetado es mi alma en mi interior. SALMO 131:2

⚙ Una oración acerca del ARREPENTIMIENTO
Cuando necesito que mi corazón sea quebrantado

PADRE CELESTIAL:

Tú examinas mi corazón y ves los rincones más profundos y más oscuros de mis pensamientos e intenciones. El pecado dentro de mí me está rompiendo el corazón, pero tengo que recordar que te rompe el corazón a ti aún más. Señor, estoy ciega a muchas de mis ineptitudes y faltas. ¿Podrías mostrarme con amabilidad las áreas de mi corazón que no se han examinado por demasiado tiempo? A medida que reveles mis caminos espantosos, por favor dame un pesar piadoso por esas áreas.

Señor, me consuela mucho el hecho de que a medida de que te llevo mi pecado, tú me ofreces el libre regalo del perdón. Tú no rechazarás la ofrenda de un corazón arrepentido. Yo atesoro la Cruz y todo lo que tu sangre ha logrado por mí. Ayúdame a no permanecer con pesar sino a superarlo en fe, creyendo que tú me has limpiado de mis pecados y permaneces fiel para guiarme por los caminos de justicia.

El sacrificio que sí deseas es un espíritu quebrantado; tú no rechazarás un corazón arrepentido y quebrantado, oh Dios.
SALMO 51:17

✦ Una oración acerca de la REDENCIÓN
Cuando necesito ser redimida

SEÑOR:

Mi bolso está lleno de cupones y ofertas que a veces parecen demasiado buenos para ser verdad. Reflexiono por un momento si debo redimir algunas de estas cosas hoy, o dejar que queden para otro día, a la espera de hacerlas efectivas. Por un momento quedo impactada por la forma en que estas ofertas me seducen, aunque la mayoría de ellas son por placeres fugaces como la comida y los bienes materiales.

El potencial del traspaso de cosas en mi monedero apunta a una verdad más grande que yo necesito recordar hoy: He sido comprada a un precio mucho mayor que ese de comprar uno y recibir otro gratis. He sido redimida, no por algo temporal que se desvanecerá, sino más bien para un lugar que es eterno y que está lleno de alegría para siempre. Gracias, Señor, por reunirte conmigo en mi sufrimiento y por rescatarme tan frecuentemente de las búsquedas vanas. Tú me has buscado con amor y misericordia. Tú me has levantado, me has llevado en tus brazos y me has sustentado todos los días de mi vida.

Cuando ellos sufrían, él también sufrió, y él personalmente los rescató. En su amor y su misericordia los redimió; los levantó y los tomó en brazos a lo largo de los años.
ISAÍAS 63:9

☼ **Una oración acerca del DUELO**
Cuando necesito consuelo

SEÑOR:

Me siento abrumada por la tristeza. En un abrir y cerrar de ojos, me arrebataron de los brazos a alguien que amo. Ahora estoy completamente despojada. En un momento me siento entumecida; al siguiente estoy enojada. Siento que tropiezo por la vida. Aunque sé que tú caminas conmigo y no me has dejado sola, tengo problemas para sentir tu presencia en medio de la oscuridad.

Recuérdame otra vez que tú estás justo aquí conmigo, meciéndome en tus brazos siempre amorosos. Tú lloras junto conmigo y ves cada lágrima que cae. Quédate conmigo y sostenme a través del dolor. Permite que tu amor me inunde de una manera tangible, para que pueda sentir tu presencia en mi hora más oscura. Gracias por no abandonarme nunca y por amarme en medio de la tragedia.

Con paciencia esperé que el SEÑOR me ayudara, y él se fijó en mí y oyó mi clamor. Me sacó del foso de desesperación, del lodo y del fango. Puso mis pies sobre suelo firme y a medida que yo caminaba, me estabilizó. SALMO 40:1-2

⚙ Una oración acerca de la LEALTAD
Cuando me desanimo

PADRE CELESTIAL:

La integridad parece ser una virtud moribunda en nuestra cultura actual. Parece que cada día me entero de otro escándalo de infidelidad en las noticias y de otro matrimonio destrozado en mi comunidad. Mi corazón se rompe por los que han sido lastimados por las acciones desconsideradas de otros. Parece que nadie valora poner a los demás en primer lugar ni apoyarse mutuamente en los tiempos difíciles cuando es mucho más fácil seguir adelante a la siguiente relación.

En un mundo lleno de quebranto, tu fidelidad es el ejemplo que quiero seguir en mis relaciones. Tú has cumplido tus promesas, y me muestras que es posible hacer compromisos duraderos. Ayúdame a modelar este valor para mis hijos de la manera que tú lo has modelado para mí. Entonces, concédeles el deseo y la fortaleza de mantenerse fieles a sus hermanos, sus amigos y, más que nada, a ti, Señor.

¡Nunca permitas que la lealtad ni la bondad te abandonen! Átalas alrededor de tu cuello como un recordatorio. Escríbelas en lo profundo de tu corazón. PROVERBIOS 3:3

☼ **Una oración acerca del PERDÓN**
Cuando necesito dejar atrás las heridas

SEÑOR:

Paso demasiado tiempo con rencor por el mal que me han hecho. Mis hijos han herido mis sentimientos, me han desobedecido o han pecado contra mí; los miembros de mi familia me han hecho daño; mis amigos me han abandonado... y la lista continúa. Podría pasar todo mi tiempo catalogando las cosas que otros han hecho para hacerme enojar, para entristecerme o para desilusionarme.

Pero tú me has pedido que sea perdonadora, incluso cuando no siento que las personas lo merezcan. No puedo hacer esto hoy con mis propias fuerzas. Por favor dame tu gracia y perdón para los que me han herido. Ayúdame a entregar totalmente en tus manos esas ofensas y frustraciones, para no aferrarme más a ellas. Gracias por ser el modelo de misericordia en mi propia vida. Gracias por perdonarme una y otra vez cuando he pecado contra ti. Moldea mi corazón para que sea hoy más semejante al tuyo.

Dios es tan rico en gracia y bondad que compró nuestra libertad con la sangre de su Hijo y perdonó nuestros pecados.
EFESIOS 1:7

✦ Una oración acerca de la GRACIA
Cuando necesito perspectiva

OH PADRE:

Mi hijo puede hacerme enloquecer. ¿Por qué no puede simplemente oír y obedecer? Cuando me molesto tanto que me veo tentada a reprenderlo, por favor ponle un control a mi espíritu. Hazme recordar la gracia que me has dado. Ayúdame a ver qué hipócrita sería si no le diera la misma gracia a mi hijo. Lléname de tu gracia y perdón, pues no me llegan de una forma natural.

Así que acerquémonos con toda confianza al trono de la gracia de nuestro Dios. Allí recibiremos su misericordia y encontraremos la gracia que nos ayudará cuando más la necesitemos. HEBREOS 4:16

DÍA 168 *Momento de oración*

✦ Una oración acerca de la SATISFACCIÓN
Cuando me pregunto cómo ocurre

PADRE:

Aunque batallo para sentirme satisfecha, quiero agradecerte por saber cuál es el camino a la plenitud genuina y firme. ¡Qué misterio para mi corazón humano! El apóstol Pablo aprendió a estar contento al buscarte primero en cada batalla que enfrentó. Tal vez el agujero enorme de la carencia es la clave para la verdadera satisfacción si me impulsa más profundamente a ti. ¿Es así como ocurre, Señor? Si es así, entonces quédate conmigo en este deseo ferviente.

No es que haya pasado necesidad alguna vez, porque he aprendido a estar contento con lo que tengo. FILIPENSES 4:11

☼ Una oración acerca de la VERDAD
Cuando trato tu Palabra con demasiada informalidad

DIOS:

Vivimos en un mundo en el que encontrar el valor de la verdad es como buscar un tesoro en arenas movedizas. A mis hijos los bombardean con cosmovisiones que son opuestas y frecuentemente hostiles a ti. Cada vez más, ellos pagan un precio por defender lo que creen. Confieso que algunos días he sido demasiado informal al impartirles la verdad a mis hijos. Caigo en la trampa de creer que la instrucción acerca de la vida piadosa se relega a los domingos o a otras personas de la iglesia.

A medida que viajamos juntos por la vida, ayúdame a darme cuenta de que cada momento es una oportunidad única para ver tu verdad de una manera nueva y pertinente. Muéstrame las áreas de mi vida en las que he dejado la verdad para creer mentiras. Sé que al no lograr tomar cautivas esas mentiras y luego destruirlas, impactaré a mis hijos para mal y no para su bien. Dale a nuestra familia la valentía de permanecer firmes en la verdad, incluso cuando sea mal visto o contracultural. Que tu verdad transforme nuestras mentes, nuestros corazones y nuestro hogar.

Debes comprometerte con todo tu ser a cumplir cada uno de estos mandatos que hoy te entrego. DEUTERONOMIO 6:6

☀ **Una oración acerca del ENGAÑO**
Cuando veo a mis hijos preguntarse a quién creer

PADRE:

Tú puedes ver mucho más que yo cuántas tentaciones enfrentan mis hijos a diario. En tanto que las falsedades de la sociedad los bombardean, planta tus verdades en sus mentes. Empapa sus corazones de tu Espíritu y dales discernimiento para reconocer cuando algo que suena bien en realidad no lo es.

No importa cuán mayores sean, ellos serán susceptibles de seguir las creencias que no te honran o que no los edifican. Adviérteles sobre las trampas que hay adelante y ayúdalos a mantenerse alejados de esos primeros pasos falsos que los llevan a ser engañados por algo que no es de ti. Dales agudeza mental para defender la verdad con sinceridad firme y afable. Y, Señor, ayúdame a vivir de forma honorable para que ellos puedan respetar las razones por las que decido vivir en tu verdad.

Satanás se disfraza de ángel de luz. Así que no es de sorprenderse que los que lo sirven también se disfracen de siervos de la justicia. Al final, recibirán el castigo que sus acciones perversas merecen. 2 CORINTIOS 11:14-15

☼ Una oración acerca de las DEMANDAS DE LA VIDA

Cuando me siento abrumada

SEÑOR JESÚS:

Hay montones de ropa sucia en el suelo, platos sucios en el lavadero, niños que necesitan ayuda en sus tareas, facturas que pagar y mensajes de correo electrónico que responder. La lista de pendientes no parece acortarse nunca, y siempre siento que estoy atrasada. Lo que me es más fácil dejar de hacer es mi tiempo a solas contigo, pero eso es lo que más necesito. El tiempo que paso contigo nunca se desperdicia, y siempre me siento renovada después de sentarme contigo por un momento. Tú llenas mi alma y renuevas mi energía.

No permitas que te haga a un lado hoy. Persígueme. Hazme recordar una vez más que tú deseas llevar mis cargas y darme un respiro en esta temporada ocupada. Prioriza mi lista de pendientes por mí, para que siga tu voluntad. Ayúdame a decir no cuando sea necesario para liberarme para seguirte. Gracias por ser paciente conmigo cuando olvido acudir a ti.

Los que confían en el SEÑOR encontrarán nuevas fuerzas; volarán alto, como con alas de águila. Correrán y no se cansarán; caminarán y no desmayarán. ISAÍAS 40:31

☼ Una oración acerca de AYUDAR
Cuando quiero que Dios me use

DIOS:

En el principio, en toda la creación, solo una cosa no era buena: que Adán estuviera solo. Como he viajado últimamente, he llegado a estar muy consciente de que tampoco es bueno para mi matrimonio o para mi familia estar sin mi ayuda. Dame gracia para ser una ayudadora para mi familia y no alguien que obstaculiza. Quiero estar al lado de mi esposo mientras él guía a nuestra familia con gentileza. Dame perspicacia para anticipar cómo puedo proveer para las necesidades y los deseos de nuestros hijos. Quiero modelar para mis hijos tu misión de servir y no ser servida.

Tú, Dios, eres el punto de referencia de lo que significa ser una ayudadora. Con el paso de los años, tú me has consolado, has provisto para mí y has suplido todas mis necesidades. Aspiro que nuestra familia trabaje en armonía de tal manera que te glorifique. Ayúdame a depender de tu fortaleza y por favor dame sabiduría para apoyar y animar a las personas que amo tanto.

El SEÑOR Dios dijo: «No es bueno que el hombre esté solo. Haré una ayuda ideal para él». GÉNESIS 2:18

☼ Una oración acerca de la IRA
Cuando siento que la mía está a punto de estallar

SEÑOR:

¿Van a aprender alguna vez estos niños? Lo hicieron otra vez, porque son niños. Y yo, también, lo hice otra vez, porque todavía necesito tu afinamiento: me pasé de la línea a ese lugar enojado, donde reacciono con hostilidad en lugar de moderar mi reacción con gracia. ¿Aprenderé *yo* alguna vez?

Mis hijos seguirán haciendo cosas que me frustran, y mi paciencia no solo será probada, sino que se *sentirá* probada. A veces me sentiré enojada. Gracias por no condenarme por eso.

Pero Señor, sentí que mi ira se apoderó de mí otra vez, y eso tiene que cambiar. No puedo amar como tú cuando la ira está al control. Y no puedo realinear mi corazón con resultados duraderos, pero tú puedes hacerlo. Por favor saca esta semilla de ira de mí para que yo no le dé al enemigo la oportunidad de desarrollar algo nada saludable en mis hijos o en mí. Gracias por no enfurecerte conmigo. Que tu carácter compasivo en mi vida les haga ver a mis hijos cómo reaccionar bien a pesar de las frustraciones.

«No pequen al dejar que el enojo los controle». No permitan que el sol se ponga mientras siguen enojados, porque el enojo da lugar al diablo. EFESIOS 4:26-27

☀ **Una oración acerca del AJETREO**
Cuando los quehaceres amenazan el vivir más sabiamente

SEÑOR:

Estoy demasiado ocupada y eso se ve. Cuando las tareas se apoderan de mí, frecuentemente hago esperar a mi familia con las excusas de «no tengo tiempo», o «estoy demasiado ocupada». Señor, haz que baje la velocidad para que no haga, insensatamente, que mis hijos crezcan sintiendo que son interrupciones. El tiempo para las prioridades más sabias es ahora.

Tengan cuidado de cómo viven. No vivan como necios sino como sabios. Saquen el mayor provecho de cada oportunidad [...]. No actúen sin pensar, más bien procuren entender lo que el Señor quiere que hagan. EFESIOS 5:15-17

DÍA 175 *Momento de oración*

☀ **Una oración acerca de VENCER**
Cuando necesito la victoria sobre el pecado

PADRE:

Vengo a ti atribulada, sufriendo por los efectos de los pecados reincidentes en mi vida. Soy esclava de este ciclo de ofensas contra ti. Vengo ahora humildemente en oración, y te pido que me rescates. Libérame de estos grilletes y ayúdame a caminar en libertad.

En mi angustia oré al SEÑOR, y el SEÑOR me respondió y me liberó. SALMO 118:5

☼ **Una oración acerca del ESTRÉS**
Cuando necesito confiar en Dios para mis provisiones

DIOS EN LO ALTO:

Verdaderamente me cuesta alegrarme por nuestras pruebas financieras actuales. Me despierto cada mañana preguntándome cómo proveerás todo lo que necesitamos. Me voy a la cama preguntándome de qué manera podría yo haber anticipado tantos gastos imprevistos. Sé que mi gozo no puede estar arraigado en mis circunstancias. He permitido que mis emociones suban y bajen con la misma velocidad en la que mis situaciones han cambiado.

Tú has prometido que siempre proveerás el pan diario. Aun así, constantemente trato de pedir prestada gracia para otro día y para mis potenciales necesidades futuras. Tranquiliza mi alma y aumenta mi dependencia en ti. Tú has provisto para tus hijos desde el inicio de la creación. Perdona mis dudas y mis temores sin fundamento. Reconozco que andar por este viaje de aprender a confiar en ti tiene mucho más que ver con mi formación espiritual que con cualquier otra cosa. Tengo la certeza de que tú me amas y que nunca me dejarás ni me abandonarás. Por favor dame resistencia y fe para creer que tú tienes un plan magnífico para mi familia. Gracias, Dios, por cuidar siempre de cada detalle de nuestras vidas.

También nos alegramos al enfrentar pruebas y dificultades porque sabemos que nos ayudan a desarrollar resistencia.
ROMANOS 5:3

☼ Una oración acerca de la ADORACIÓN
Cuando me siento atraída a poner cosas en el lugar de Dios

DIOS TODOPODEROSO:

Perdona mi corazón errante que es seducido tan fácilmente por asuntos insignificantes. Tú eres un Dios celoso y no toleras la adoración dividida. Muchas cosas y relaciones en mi vida son buenas o incluso grandiosas, pero les doy mucho más valor del que se merecen. Incluso actúo como si mis hijos, mi hogar o mis amistades tuvieran un valor supremo. Cuando mi corazón está apasionado con el servicio y la promoción de ellos más que de ti, me he convertido en una idólatra.

La adoración te pertenece solo a ti. Tú eres santo, perfecto, honorable y digno de toda mi alabanza. Me arrepiento de asignarle valor a lo que no lo tiene. He desperdiciado más tiempo y recursos de lo que me gustaría admitir. Por favor continúa tu obra santificadora en mí hasta que mi devoción por ti sea exclusiva.

No te inclines ante ellos ni les rindas culto, porque yo, el SEÑOR tu Dios, soy Dios celoso, quien no tolerará que entregues tu corazón a otros dioses. Extiendo los pecados de los padres sobre sus hijos; toda la familia de los que me rechazan queda afectada, hasta los hijos de la tercera y la cuarta generación. ÉXODO 20:5

☼ Una oración acerca del ENTUSIASMO
Cuando quiero disfrutar tu Espíritu... tranquilamente

SEÑOR:

Estoy muy agradecida porque el entusiasmo puede ser tranquilo. Generalmente pienso en él como ovacionar, saltar de alegría, y abordar cada tarea y cada conversación con una sonrisa radiante. Tú me conoces mejor que eso, Señor. A veces no tengo una sonrisa preparada para ofrecerla inmediatamente. Definitivamente no permanece pegada en mi rostro cada segundo.

Gracias porque el entusiasmo implica simplemente revelar a través de mi semblante que tú estás dentro de mí. «Dios en mí». Eso es lo que la palabra *entusiasmo* significa, y ya que tú frecuentemente te revelas a mí de maneras apacibles, puedo guiar a otros a tu presencia de la misma forma moderada y pacífica. Tú no necesitas una fanfarria ruidosa, aunque la mereces. De hecho, a veces los mejores regalos nos dejan sin palabras; así que, ahora mismo, te ofrezco mi alabanza calmada y entusiasta. Señor, cuando sea tiempo de que te comparta verbalmente y con una gran sonrisa, por favor permite que esas cosas fluyan de mí. De lo contrario, te pido que tu dulce Espíritu fluya constantemente en mi vida diaria.

Entreguen su cuerpo a Dios por todo lo que él ha hecho a favor de ustedes. Que sea un sacrificio vivo y santo, la clase de sacrificio que a él le agrada. Esa es la verdadera forma de adorarlo. ROMANOS 12:1

☀ Una oración acerca del CONTROL PROPIO
Cuando necesito restringirme

ESPÍRITU SANTO:

Hoy, cuando estaba ocupada en otra habitación, oí a mis hijos pelear. Se oían fuera de control, y comienzo a sentirme de la misma forma. Espíritu, tú eres muy paciente con tus propios hijos, incluso conmigo. Por favor enséñame a tratar a mis hijos de esa manera. Sé que el control propio es un fruto que se produce cuando moras en nosotros. Llénanos hoy, a mis hijos y a mí, con una porción completa de ti. Sé que cuando fracasamos en ejercer el control propio, quedamos vulnerables a los ataques de Satanás. Podemos ser tentados a ser pasivos cuando se trata de controlar nuestros deseos egoístas.

Espíritu, inclina nuestros corazones para que sometan nuestros deseos egocéntricos a tu control soberano. Cambia nuestros corazones para poner a los demás en primer lugar y a considerar sus necesidades como más importantes que las nuestras. Trae armonía y paz a nuestra familia a medida que tratamos de relacionarnos mutuamente con gracia y lealtad.

Una persona sin control propio es como una ciudad con las murallas destruidas. PROVERBIOS 25:28

☼ Una oración acerca del CORAZÓN DE MI HIJA
Cuando pienso en el futuro de mi hija

DIOS:

El mundo es un lugar brusco y aterrador, y quiero amparar y proteger a mi hija de cualquier cosa que tenga el potencial de hacerle daño. Puedo quedar atrapada pensando en todos los peligros potenciales que acechan detrás de cada puerta. Sé que tratar de proteger demasiado a mi hija no es beneficioso para ella en última instancia. No la ayuda a aprender ni a crecer. Pero mi miedo se interpone y amenaza con apoderarse de mí.

Te entrego el corazón de mi hija hoy, Señor. Confío en que tú la protegerás y caminarás con ella a través de cualquier prueba y batalla que se interponga en su camino. Gracias por amar a mi hija aún más que yo. Ablanda su corazón para que ella llegue a amarte y a confiarte su vida. Fortalece su mente para que pueda llegar a ser una mujer sabia y con buen criterio.

No hay nada que me cause más alegría que oír que mis hijos siguen la verdad. 3 JUAN 1:4

✹ Una oración acerca de la SATISFACCIÓN
Cuando batallo con insatisfacción

SEÑOR:

Tropecé otra vez. Cuando este deseo improductivo surge en mí, sé que enfocarme más en ti me ayuda. A veces me pregunto si esta batalla crónica es tu único método de misericordia para acercarme más a ti. Gracias porque cuando me empapo de tu Palabra y permanezco contigo, tú nunca me dejas insatisfecha. De hecho, tú cumples mis anhelos y deseos más profundos que no han sido satisfechos.

Busquen el reino de Dios por encima de todo lo demás y lleven una vida justa, y él les dará todo lo que necesiten.
MATEO 6:33

DÍA 182 *Momento de oración*

✹ Una oración acerca de la ADORACIÓN
Cuando debo hacer que lo principal siga siendo lo principal

PADRE:

Frecuentemente las pequeñas cosas me distraen y las hago mucho más grandes de lo que merecen. Ayúdame a recordar que, últimamente, cada rodilla se doblará y cada lengua confesará tu grandeza. Cada mal se corregirá, y cada relación rota será restaurada. Permíteme vivir en la seguridad de saber que, al final, tú serás victorioso.

¿Quién no te temerá, Señor, y glorificará tu nombre? Pues solo tú eres santo. Todas las naciones vendrán y adorarán delante de ti, porque tus obras de justicia han sido reveladas.
APOCALIPSIS 15:4

☼ Una oración acerca del DESCANSO
Cuando quiero escapar

DIOS:

Quiero escapar de todo el ruido y el clamor. Ah, si pudiera volar hacia un lugar pacífico y sereno. Anhelo la libertad de la ansiedad y de las preocupaciones. Deseo escapar del trabajo fastidioso de mis días y descansar. Sé, Señor, que cada día trae sus propios problemas, pero lo que en realidad cuenta es mi reacción a esos problemas y esas preocupaciones. Mi corazón necesita paz contigo y paz interna. Por favor concédeme un corazón más tranquilo y seguro, un corazón que sea firme, constante y que crezca en mi confianza en tu plan para mi vida.

Padre, estoy cansada de correr en lugar de descansar. Tal vez puedo descansar mientras corro en *tu* poder y fortaleza. Debido a que mi relación contigo es fija y perdurable, puedo descansar en el hecho de que tú nunca dejarás de proveer para cada necesidad que tengo. Dios, si pudiera volar a alguna parte, sería al descanso futuro que llegará en el día final.

Si tan solo tuviera alas como una paloma, ¡me iría volando y descansaría! SALMO 55:6

☼ Una oración acerca de ESCUCHAR
Cuando necesito sintonizarme en la voz de Dios

OH SEÑOR:

El ruido del mundo entra de manera sigilosa en mi mente y te quita el lugar. Me distrae el parloteo de las necesidades y los deseos de los demás, sin mencionar los míos. Mis días están llenos de todas las cosas que debería hacer para ser una buena madre, una buena trabajadora, una buena cristiana. Todas estas son apropiadas por sí mismas, pero yo puedo llegar a estar tan consumida con ellas que olvido detenerme para escucharte a ti y tu guía. No sé cómo equilibrar hacer el bien y escuchar tu voz.

Por lo que te pido que tú me lo hagas ver. Ayúdame a tomar el tiempo para dejar mis actividades y solamente estar en tu presencia. Gracias por prometer aparecer cuando yo te escucho. Habla, Señor; te escucho.

«¡Quédense quietos y sepan que yo soy Dios! Toda nación me honrará. Seré honrado en el mundo entero». SALMO 46:10

☀ **Una oración acerca del CIELO**
Cuando me siento desanimada

JESÚS:

Estoy muy agradecida por la vida que me has dado. Has amontonado bendiciones sobre mí, tan numerosas que ni siquiera puedo comenzar a contarlas. Tú has traído gente a mi vida para que me aconseje, me apoye y me amoneste. Estoy verdaderamente agradecida por tus muchos regalos. Me siento abrumada cuando considero que me has prometido mucho más en el cielo. No puedo imaginar cómo será vivir en tu presencia cada día, en un lugar sin dolor ni sufrimiento. Yo anhelo el día en el que esté contigo en el paraíso.

Pero ahora mismo me tienes aquí, y estoy aquí por una razón. Ayúdame a cumplir mi propósito en tanto que estoy aquí, y a usar cada minuto para tu gloria. Ayúdame a no desanimarme, sino a aferrarme a tus promesas cuando las cosas se pongan difíciles. Gracias por irte antes que yo para preparar un lugar para mí en el cielo.

Para mí, vivir significa vivir para Cristo y morir es aún mejor. Pero si vivo, puedo realizar más labor fructífera para Cristo. Así que realmente no sé qué es mejor. Estoy dividido entre dos deseos: quisiera partir y estar con Cristo, lo cual sería mucho mejor para mí. FILIPENSES 1:21-23

☼ Una oración acerca de la SALUD
Cuando mi hija siente dolor

SEÑOR:

Es tan difícil ver a mi hija sufrir. Simplemente quiero arreglar su problema y quitarle el dolor. Me siento tan impotente. Sería mucho más fácil si yo fuera la que se siente así. Quisiera quitar esto en un instante, si pudiera hacerlo, pero soy impotente en esta situación.

Necesito que le quites el dolor y que camines con nosotras en medio de esto. Es demasiado difícil llevarlo sola. Extiende tu brazo y dale consuelo a mi hija. Hazle saber que tú estás allí y que solamente tú tienes el poder para sanar. Quédate conmigo mientras sufro con ella, y hazme recordar que tú amas a mi hija aún más que yo. Ayúdame a confiar en ti durante este tiempo difícil. Por favor danos tu toque sanador a las dos hoy.

Cuando Jesús llegó a la casa de Pedro, la suegra de Pedro estaba enferma en cama con mucha fiebre. Jesús le tocó la mano, y la fiebre se fue. Entonces ella se levantó y le preparó una comida. Aquella noche, le llevaron a Jesús muchos endemoniados. Él expulsó a los espíritus malignos con una simple orden y sanó a todos los enfermos. Así se cumplió la palabra del Señor por medio del profeta Isaías, quien dijo: «Se llevó nuestras enfermedades y quitó nuestras dolencias».

MATEO 8:14-17

DÍA 187

☼ Una oración acerca de la MOTIVACIÓN
Cuando me encuentro haciendo cosas por los motivos
incorrectos

PADRE CELESTIAL:

Me avergüenza admitir que demasiado frecuentemente me
encuentro haciendo cosas para agradar a los demás y no a
ti. Quiero impresionar. Quiero que me vaya mejor que a
las demás madres. Quiero tener hijos que se comportan
mejor, una casa más limpia, un automóvil más elegante...
la lista es de nunca acabar. Paso tanto tiempo preocupándome por las apariencias externas y búsquedas mundanales
que no me enfoco en ti y en el camino que tienes para mí.
Pienso que en lo profundo tengo miedo de que tu plan no
incluya todas las cosas que creo que necesito.

Ayúdame a examinar mis motivaciones cada día y alinea mis pensamientos y mis acciones de acuerdo con tu
voluntad, no a la voluntad del monstruo celoso que hay
dentro de mí. Ayúdame a confiar en el plan que tú tienes
para mi vida y a buscar vivir en tu voluntad cada día.

«Pues yo sé los planes que tengo para ustedes —dice el
SEÑOR—. Son planes para lo bueno y no para lo malo, para
darles un futuro y una esperanza». JEREMÍAS 29:11

Una oración acerca de la ALEGRÍA
Cuando necesito celebrar

SEÑOR:

Nada se compara con ver a los niños bailar con exuberancia. Su placer inocente ante los deleites más pequeños me conmueve y me hace recordar que yo necesito experimentar más alegría en mi vida. Ayúdame a tomar el tiempo para detenerme y estar agradecida por las bendiciones que tú me has dado. Ayúdame a experimentar el gozo que solamente tú puedes dar.

El SEÑOR es mi fortaleza y mi escudo; confío en él con todo mi corazón. Me da su ayuda y mi corazón se llena de alegría; prorrumpo en canciones de acción de gracias. SALMO 28:7

DÍA 189 *Momento de oración*

 Una oración acerca de la RENOVACIÓN
Cuando anhelo un mañana más radiante

SEÑOR JESÚS:

¿Sabes por qué estoy agradecida hoy? A pesar de las heridas y las decepciones de esta vida, tengo tu promesa de que algún día las lágrimas, el dolor y el sufrimiento ya no existirán. Aunque la vida parezca caótica y desafiante ahora mismo, tú todavía estás en el trono. Tú haces que todas las cosas sean nuevas. ¡Gracias!

El que estaba sentado en el trono dijo: «¡Miren, hago nuevas todas las cosas!». Entonces me dijo: «Escribe esto, porque lo que te digo es verdadero y digno de confianza».
APOCALIPSIS 21:5

❉ Una oración acerca de la PACIENCIA
Cuando las cosas pequeñas me sacan de quicio

SEÑOR:

Detesto admitirlo, pero los asuntos insignificantes me han abatido últimamente. Ya sea que no encuentre un espacio para estacionar cuando estoy atrasada, que tenga que hacer largas colas en el supermercado o que tenga que lidiar con un niño que no quiere tomar la siesta que tanto necesita, a veces siento que mi paciencia se agota. Cuando me pongo impaciente, es fácil para mí pensar que soy una víctima. Parece que el mundo está contra mí, y comienzo a quejarme. Esta no solo es una improductiva manera de pensar, sino que es desagradable para ti.

Una reacción más productiva sería ir a ti y compartir mis frustraciones para que tú puedas replantear mis pensamientos. Tú puedes darles un giro y darme la perspectiva que tanto necesito. Tú puedes llevar mis cargas y darme el descanso para que yo pueda reaccionar de una manera más apropiada a las cosas que no salen como quiero. Cultiva el fruto de la paciencia en mi corazón hoy. Arranca cualquier egoísmo que se haya arraigado y sustitúyelo por amabilidad y gentileza.

Que Dios, quien da esa paciencia y ese ánimo, los ayude a vivir en plena armonía unos con otros, como corresponde a los seguidores de Cristo Jesús. ROMANOS 15:5

☼ Una oración acerca del PROPÓSITO
Cuando me pregunto por qué ocurre esto

DIOS:

Mi mente y corazón son un remolino de preguntas en cuanto a por qué permites semejante dolor y pruebas en mi vida. Yo sé que me amas y que tienes un propósito eterno que estás cumpliendo a través de este trayecto. Lo sé no porque mis circunstancias necesariamente están cambiando, sino porque, con el paso de los años, me has ayudado a conocerte y a conocer tu carácter. Entiendo que usas todas las cosas para refinarme: los altibajos, los momentos llenos de alegría y los momentos de tristeza, los períodos de sufrimiento y el ofrecimiento de consuelo.

Dios, sé que tú eres el arquitecto experto de mi vida y que cada prueba que permites me conforma cada vez más a tu imagen. Anhelo vivir de acuerdo con tu propósito divino para mi vida. Cuando mi vida esté alineada de manera apropiada a tus propósitos fundamentales, encontraré gozo, seguridad y tu amor incondicional.

Dios hace que todas las cosas cooperen para el bien de quienes lo aman y son llamados según el propósito que él tiene para ellos. ROMANOS 8:28

☼ Una oración acerca de la VALENTÍA
Cuando la valentía ocasiona pérdida

PADRE:

Duele sufrir por hacer lo que es correcto, una lección que mi hijo está aprendiendo. Lo he visto levantarse después de que lo han rechazado porque él decidió vivir por ti. Lo he oído tragarse las lágrimas cuando no estaba consciente de que yo podía oírlo. He sufrido al verlo salir perdiendo por seguirte.

No quisiera que eligiera algo distinto, pero sí quiero que experimente tu fortaleza en los tiempos difíciles. Por favor consuela su corazón y ayúdalo a aferrarse a tu promesa de estar con él y proveer para sus necesidades. Desarrolla su valentía aún más, y levanta amigos para apoyarlo. Cuando se sienta solo, ayúdanos como su familia a llenar los vacíos y a apoyarlo también. Ayúdanos a desarrollar su valor y ser un respaldo de afirmación de lo que él es. Aunque la lección sea difícil y las pérdidas sean dolorosas, recompénsalo por vivir valientemente para ti y no para la gente.

Trabajen de buena gana en todo lo que hagan, como si fuera para el Señor y no para la gente. Recuerden que el Señor los recompensará con una herencia y que el Amo a quien sirven es Cristo. COLOSENSES 3:23-24

☼ Una oración acerca de los RECUERDOS
Cuando me parece que los días se pasan volando

SEÑOR:

Los días que solían parecer tan largos están pasando demasiado rápido. Siento que veo a mis hijos crecer de bebecitos a adultos en un instante. Mi tiempo con mis hijos es muy corto; quiero ser intencional en cuanto a crear recuerdos con ellos que duren por la eternidad.

Ayúdame a aprovechar los ratos perdidos para hablar y reír con ellos. Enséñame a dejar pasar las cosas que no importan para que pueda enfocarme en desarrollar en mis hijos el amor por ti, la compasión hacia los demás y la pasión por los perdidos. Ordena mis días para que un día no mire hacia atrás con remordimiento por el tiempo perdido y por las palabras dichas precipitadamente. Este tiempo es un regalo tuyo. Ayúdame a pasar cada día con los ojos abiertos y un corazón agradecido.

Hay una temporada para todo, un tiempo para cada actividad bajo el cielo. [...] Sin embargo, Dios lo hizo todo hermoso para el momento apropiado. Él sembró la eternidad en el corazón humano, pero aun así el ser humano no puede comprender todo el alcance de lo que Dios ha hecho desde el principio hasta el fin. ECLESIASTÉS 3:1, 11

☼ Una oración acerca de la SEMEJANZA A CRISTO
Cuando batallo para permanecer conectada a ti

SEÑOR:

Eso nunca falla. La calidad de mi conexión contigo ver-daderamente impacta mis relaciones con los demás y mi contentamiento en las labores diarias. En los días que siento que todo lo que toco está destinado al fracaso y no parece que pueda coordinar las metas de mi corazón con las labores que tengo a mano, puedo ver que las frustra-ciones se originan en no pasar tiempo empapándome de tu Espíritu.

No solo necesito tu presencia estabilizadora, sino que mi familia necesita que yo permanezca cerca de ti para que ellos puedan beneficiarse de la semejanza a Cristo que fluya de mí. Cuando dependo de mi propio poder y paciencia, con el tiempo, mi naturaleza humana se deja ver. Por favor, Señor, impúlsame suave y firmemente a inhalarte y a exhalar todo lo negativo antes de que haga daño. A través de ti puedo ser una fuente de sanación y alegría para mi familia.

[Jesús dijo:] «Ciertamente, yo soy la vid; ustedes son las ramas. Los que permanecen en mí y yo en ellos producirán mucho fruto porque, separados de mí, no pueden hacer nada». JUAN 15:5

⚙ Una oración acerca de la DELICADEZA
Cuando necesito recordar la gracia de Dios

SEÑOR JESÚS:

Al acunar a mi bebé en mis brazos avanzada la noche, me vuelvo a impactar por la gracia y la delicadeza que me muestras cada día. Tú me diriges como un pastor, y me guías delicadamente de regreso al camino correcto cuando me desvío. Gracias por tratar mi corazón con cuidado.

Alimentará su rebaño como un pastor; llevará en sus brazos los corderos y los mantendrá cerca de su corazón. Guiará con delicadeza a las ovejas con crías. ISAÍAS 40:11

⚙ Una oración acerca de la COMUNICACIÓN
Cuando mis hijos y yo no nos entendemos mutuamente

SEÑOR:

Mis hijos y yo no nos comunicamos bien. Es como si mis palabras rebotaran sin sentido contra sus oídos y regresaran de inmediato a mí, ignoradas. Necesitamos tu ayuda para entendernos unos a otros. Abre nuestros corazones para que podamos arreglar nuestras diferencias. Ayúdanos a comunicarnos efectiva y pacientemente.

Les hemos hablado con toda sinceridad y nuestro corazón está abierto a ustedes. [...] Les pido que respondan como si fueran mis propios hijos. ¡Ábrannos su corazón!
2 CORINTIOS 6:11-13

❁ Una oración acerca del RESPETO
Cuando olvido quién, en última instancia, está al mando

DIOS:

Ahora mismo estoy muy enojada por el comportamiento irrespetuoso de mi hija. Ella se ha comportado de forma descortés y nos ha tratado muy mal a mi esposo y a mí. Hay mucho que me gustaría decirle, así que por favor dame gracia para hacer una pausa para orar. ¿Por qué dijo esas cosas? ¿Qué le hizo sentir la libertad de elevar su voz al hablarnos? ¿Qué está pasando en su corazón y su mente ahora mismo?

Señor, todos los días me quedo corta en agradarte con mis palabras e interacciones con mis hijos. Sí, me hace daño el comportamiento irrespetuoso de mi hija, pero me pregunto qué tan frecuentemente he entristecido tu corazón con mi propio comportamiento irrespetuoso. Sé que la rendición y la sumisión son necesarias para relacionarse de manera correcta contigo y con los demás. Abre mis manos y mi corazón para buscar la paz con mi hija y contigo. Perdóname por reaccionar en lugar de descansar en tu mejor diseño para las relaciones de mi vida.

Ya que respetábamos a nuestros padres terrenales que nos disciplinaban, entonces, ¿acaso no deberíamos someternos aún más a la disciplina del Padre de nuestro espíritu, y así vivir para siempre? HEBREOS 12:9

☼ Una oración acerca del CIELO
Cuando se me hace recordar la promesa final de Dios

PADRE CELESTIAL:

Abrazar a un bebé recién bañado es lo más cercano al cielo que puedo imaginar. Me encanta sentir la suave piel del bebé contra mi mejilla y la cabeza aterciopelada que se esconde en mi cuello. Tú me has dado este precioso bebé como un recordatorio de tu amor eterno por mí. Anhelo el día en que pueda dejar este mundo atrás y vivir en comunidad perfecta contigo.

Ayúdame a mantener mis ojos enfocados en el cielo hoy, mientras crío a mi hijo y me encargo de mis labores diarias. Hazme recordar que la más mínima acción de bondad que se haga por amor a ti es más significativa que el logro más grande que se haga para impresionar a los demás. Fija mi mente en los tesoros que has almacenado para mí en el cielo. Y dame compasión por aquellos que todavía no te conocen, para que me inspire a compartir tu amor con ellos.

Lo que ahora sufrimos no es nada comparado con la gloria que él nos revelará más adelante. ROMANOS 8:18

☼ Una oración acerca de sentirme ABRUMADA
Cuando hay demasiadas cosas que atender

SEÑOR:

Hoy me siento bombardeada por todos lados. No creo que pueda atender, mental o físicamente, todo lo que necesito hacer y los asuntos que tengo que resolver. Me dan ganas de gritarle a todos que solamente me den un minuto para mí misma. Me cuesta hacer uso de tu fortaleza y exhibir el fruto de tu Espíritu.

Ayúdame a dar un paso atrás y a encontrar solamente un momento de paz para que pueda renovar mi corazón. Quítame esta carga autoimpuesta de sentir que tengo que lograrlo todo. Hazme recordar lo que es verdaderamente importante. Dame la fortaleza para terminar el día y comenzar mañana con una nueva perspectiva y energía renovada. Y lo que es más importante, lléname de tu Espíritu y ayúdame a mostrarle tu amor a todos los que me rodean, a pesar de mi propio estrés.

¡El fiel amor del SEÑOR nunca se acaba! Sus misericordias jamás terminan. Grande es su fidelidad; sus misericordias son nuevas cada mañana. LAMENTACIONES 3:22-23

☼ Una oración acerca de la APROBACIÓN
Cuando siento la necesidad de agradar a los demás

DIOS:

¿Es obvio que estoy viviendo de acuerdo con tus estándares, no para agradar al mundo? Muchas veces me pregunto si los demás pueden ver cómo da vueltas mi mente para encontrar una respuesta que creo que ellos aprobarán. Frecuentemente me siento muy mal porque puedo decir que estoy tratando de ser lo que alguien más quiere que sea. Pero tú aclaras las cosas. Tu aprobación es lo que cuenta, y si te busco y dependo de tu ayuda para emular tu carácter, entonces tú estás complacido conmigo. ¿Por qué me cuesta tanto recibir tu aceptación? ¿Por qué no puedo dejar que mi corazón descanse cuando estoy con otros, ya que no necesito cuestionar mi valor? Tengo tu aprobación, ¡punto!

Por favor, graba en mí el deseo de tu aprobación por encima de la de los demás, y dame la audacia para dejar que la crítica de desaprobación se deslice de mi alma cuando no sea de ti. Puedo tener una paz completa si dependo de tu aprobación. Solamente necesito buscarte primero y totalmente. Gracias por tu aprobación y por la libertad que tú quieres que disfrute.

Queda claro que no es mi intención ganarme el favor de la gente, sino el de Dios. Si mi objetivo fuera agradar a la gente, no sería un siervo de Cristo. GÁLATAS 1:10

DÍA 201

☼ Una oración acerca de la CRIANZA DE LOS HIJOS
Cuando ser madre me parece asfixiante

SEÑOR:

Confieso que a veces las necesidades y los deseos de mis hijos son tan abrumadores que me doy cuenta de que me estoy perdiendo a mí misma. Extraño a la persona que solía ser, libre y sin presiones ni responsabilidades. Luego me acuerdo de la alegría que siento cuando veo a mi niña dormida, tan inocente y pacífica, y me viene a la mente la gran bendición que es ser madre.

Ayúdame a aferrarme a ese sentimiento de alegría y paz mientras transcurre el día. Gracias por darme esta niña preciosa, a quien tú amas exponencialmente más de lo que yo pudiera imaginar. Gracias por ser mi Padre amoroso y por tolerar mi frustración y mis dudas. Hazme recordar, una vez más, el crecimiento y los cambios positivos que he experimentado desde que me convertí en madre. Ayúdame a seguir creciendo y madurando en mi fe y en la crianza de mis hijos hoy.

Mediante su divino poder, Dios nos ha dado todo lo que necesitamos para llevar una vida de rectitud. Todo esto lo recibimos al llegar a conocer a aquel que nos llamó por medio de su maravillosa gloria y excelencia. 2 PEDRO 1:3

❈ **Una oración acerca de la APARIENCIA**
Cuando me enfoco demasiado en mis deficiencias físicas

DIOS CREADOR:

Por favor ayúdame a recordar que mis hijos se fijan en lo que yo me enfoco, incluso en mis suspiros y mis comentarios despectivos acerca de cómo me veo. Por favor permite que mis palabras, mis expresiones y mis hábitos reflejen el respeto que me tengo a mí misma porque fui hecha a tu bella imagen. Ayúdalos a aprender a respetar su propia belleza innata, y la de los demás, que es un reflejo de ti.

Entonces Dios dijo: «Hagamos a los seres humanos a nuestra imagen, para que sean como nosotros». GÉNESIS 1:26

DÍA 203 *Momento de oración*

❈ **Una oración acerca del ÁNIMO**
Cuando mi estado de humor me distrae de ofrecer esperanza

SEÑOR:

Gracias por el recordatorio de que todas mis interacciones ofrecen esperanza y ánimo o pierden la oportunidad de hacerlo. Cuando me sienta desanimada, por favor lléname de tu gracia. No quiero perder la oportunidad de actuar como tu hija misericordiosa y sensible para marcar una diferencia positiva en la vida de alguien más.

No nos cansemos de hacer el bien. A su debido tiempo, cosecharemos numerosas bendiciones si no nos damos por vencidos. GÁLATAS 6:9

☼ Una oración acerca de la COMPASIÓN
Cuando tengo poco interés en los demás

PADRE:

Tú sabes que mi corazón puede ser grande, que se entristece cuando alguien sufre. Sí me afecta.

Pero a veces me cuesta demostrar mi interés. Por cualquier razón, ya sea que me sienta agotada o que mi calendario esté especialmente lleno o que el dolor de alguien desencadene dolor en mí, siento que el ímpetu de mi compasión se encoge. Mi corazón se siente pequeño y mi reacción no es lo que creo que quieres de mí.

Me siento culpable por este fracaso. A veces. Otras veces, siento impaciencia en cuanto a si analizo demasiado. A veces, simplemente siento que no tengo la capacidad de ser compasiva en ese momento porque ser compasiva implica una inversión de tiempo y emociones, de los que ya me siento vacía. Señor, haz que mi corazón sea más grande. Por favor, implanta en mí tu clase de compasión, la clase que invierte más tiempo y pelea con más valentía, y ayúdame a encontrar descanso en ti. Tú prometes llenarme cuando hago lo que puedo para llenar a otros. Por favor ayúdame a crecer en exhibir compasión.

No finjan amar a los demás; ámenlos de verdad. Aborrezcan
lo malo. Aférrense a lo bueno. Ámense unos a otros con
un afecto genuino y deléitense al honrarse mutuamente.
ROMANOS 12:9-10

☼ Una oración acerca del ABANDONO
Cuando me siento sola e indigna

DIOS:

¿Cuántas personas más pasarán el día de hoy sintiéndose solas? ¿Olvidadas? ¿Ignoradas? ¿Abandonadas? Supongo que muchas. Lo pregunto porque sé que tú ves la cantidad exacta, pero no estoy segura si mi corazón podría soportar saber cuánto dolor experimenta esta tierra. Se requiere solamente una pizca de dolor para entender algo de la agonía de estar sola en la vida. Yo lo entiendo. La soledad puede reducir mi corazón a creer un lío de falsedades que afirman que yo no soy lo suficientemente valiosa como para interesarle a alguien. Mi mente sabe que tú te interesas en mí, pero qué batalla es procesar la verdad cuando los sentimientos de abandono y minusvalía sofocan mi corazón.

Señor, por favor toca a los que nos sentimos solos para que sepamos que tú estás allí. Yo sé que sí estás, pero ahora mismo me gustaría oír al que dio su vida por mí. Gracias porque tú te interesas en mí. Gracias por siempre mantenerte cerca de mí.

Busco a alguien que venga a ayudarme, ¡pero a nadie se le ocurre hacerlo! Nadie me ayudará; a nadie le importa un bledo lo que me pasa. Entonces oro a ti, oh SEÑOR, y digo: «Tú eres mi lugar de refugio. En verdad, eres todo lo que quiero en la vida». SALMO 142:4-5

☀ **Una oración acerca de la DERROTA**
Cuando mi hijo necesita ganar

SEÑOR:

Nuestro dulce niño necesita ser victorioso en algo. Sé que te duele ver su dolor, así como a mí. Ganar no lo es todo, y él, definitivamente, está aprendiendo tenacidad a través de esto. Pero a veces todos necesitamos simplemente GANAR en grande. Él necesita lograrlo. Necesita ver que sus esfuerzos sí valen la pena, que puede trabajar arduamente y obtener algo de valor.

Señor, hazle ver el éxito que puede tener cuando confía en ti completamente. Por favor desarrolla en él una fe sólida y victoriosa, que gane para ti aunque el mundo no lo llame un ganador. Fortalécelo para todas las batallas de la vida, por la derrota que a veces vendrá. Pero, Señor, permite que sus victorias como hijo tuyo signifiquen mucho más para él. Que tu total aceptación de él sane y motive su corazón para tus intereses. Yo creo en ti y en él, y te pido que lo lleves lejos en ti. Muchas gracias por amarlo incluso más de lo que yo lo amo.

Todo hijo de Dios vence a este mundo de maldad, y logramos esa victoria por medio de nuestra fe. ¿Y quién puede ganar esta batalla contra el mundo? Únicamente los que creen que Jesús es el Hijo de Dios. I JUAN 5:4-5

☀ Una oración acerca de la RENOVACIÓN
Cuando necesito la esperanza de un nuevo inicio

DIOS:

En todos los lugares por donde pasé hoy, parecía que estaba rodeada de mi reflejo en los espejos, en los vidrios de las ventanas y en las fotos cubiertas de vidrio. Confieso que mucho de lo que vi no me gustó. Las imágenes fueron recordatorios dolorosos de que nada permanece igual. Todo en este mundo se deteriora constantemente y se desgasta, incluso yo. La energía juvenil y la belleza externa son pasajeras.

Dios, todos los días me veo tentada a rendirme y a soltar todo porque ir tras el sueño de la consistencia es una pérdida de tiempo. Necesito la esperanza de la renovación que tú das. Quiero tu transformación sobrenatural de mi vida, mi matrimonio, mi familia y el mundo. Definitivamente no puedo ver tu plan de restauración, pero confío en que siempre estás trabajando para lograr tu voluntad. Recuerdo, Señor, que las cosas no están como tú querías que estuvieran cuando las creaste, debido a la Caída. Y sé que gracias a ti, no son como serán. Un día, tú renovarás todas las cosas.

Nunca nos damos por vencidos. Aunque nuestro cuerpo
está muriéndose, nuestro espíritu va renovándose cada día.
2 CORINTIOS 4:16

☼ Una oración acerca del REMORDIMIENTO
Cuando estoy propensa a las dudas

PADRE:

¿Debía haberle dado esto a mi hija? ¿Estaría ella mejor si hubiéramos tomado otra dirección? ¿Podría haber sido una mejor madre para mi hija el otro día cuando vino a mí con sus preguntas? Las dudas y los remordimientos me asedian por las cosas que pudieron haber ocurrido, que fácilmente podrían haber ocurrido. Por favor, Padre, dame tu fortaleza para llevarte todos estos temores y miedos. Solo tú tienes el poder para cambiar mi pensamiento y darme sabiduría para llevar estos pensamientos presos a la obediencia a Cristo.

Quiero renunciar a todos los pensamientos que no tengo poder para afectar. Reemplaza estas dudas con la verdad de tu Palabra. Padre, por favor consuélame y tranquilízame, y hazme recordar que tú amas soberanamente y cuidas de mis hijos más de lo que yo jamás podría. Renueva mi esperanza de que tú completarás la obra que has comenzado en mis hijos y que cualquiera que esa obra sea, es para su mejor beneficio. Tengo que recordar que ser madre se trata de rendir mis planes y programas y confiar en un mejor plan que tú has decretado.

Cuando mi mente se llenó de dudas, tu consuelo renovó mi esperanza y mi alegría. SALMO 94:19

❋ **Una oración acerca de la ESPERANZA**
Cuando no puedo ver más allá de mis circunstancias

SEÑOR JESÚS:

Últimamente he estado agobiada por la duda y la desilusión. Lo que había planificado y esperado no ha resultado como quería. Pero tu Palabra me asegura que tú entiendes mi desánimo y que anhelas reemplazarlo con esperanza. Tus planes para mí *son* buenos, aunque todavía no pueda ver de qué manera. Hoy te pido tu consuelo, tu sanación, tu consejo y tu amabilidad. Pero más que nada, te pido gracia para ver más allá de mis circunstancias y para examinar tu corazón hacia mí.

SEÑOR, tú conoces las esperanzas de los indefensos; ciertamente escucharás sus clamores y los consolarás. SALMO 10:17

DÍA 210 *Momento de oración*

❋ **Una oración acerca de la CELEBRACIÓN**
Cuando quiero estimular el regocijo diario

JESÚS:

Qué maravilloso es que los que te conocen como Salvador tengan una razón diaria para celebrar. De hecho, tú das razones interminables para vivir con un corazón lleno de alegría. Por favor ayúdame a ser un ejemplo de esta actitud agradecida para mis hijos, para que ellos mantengan una perspectiva eterna incluso cuando la vida diaria sea difícil.

Me mostrarás el camino de la vida, me concederás la alegría de tu presencia y el placer de vivir contigo para siempre.
SALMO 16:11

☼ Una oración acerca de los MOTIVOS
Cuando no te busco a ti

SEÑOR JESÚS:

«Porque lo digo yo». Recuerdo haber jurado no decirles esas palabras a mis propios hijos, pero me doy cuenta de que lo hago de todas formas. Es una acción por defecto cuando estoy cansada y solo quiero que mis hijos obedezcan. A veces tengo buenas razones para insistir que sigan mis indicaciones, pero otras veces simplemente estoy ocupada con algo más, o solo quiero un poco de tranquilidad, y es lo más fácil de decir. No quiero ejercer control sobre mis hijos solo porque yo soy la madre. Quiero aprovechar las oportunidades para enseñarles a tomar sus propias decisiones. A veces, la salida fácil tiene un precio.

Ayúdame a examinar mis motivos cuando se trate de querer que mis hijos hagan lo que yo digo. Hazme ver cuando debo detenerme para pensar y permitirles cometer un error o tomar una decisión que yo no quisiera que tomaran. Enséñame a guiarlos hacia las buenas decisiones.

El propósito de mi instrucción es que todos los creyentes sean llenos del amor que brota de un corazón puro, de una conciencia limpia y de una fe sincera. 1 TIMOTEO 1:5

☼ Una oración acerca del POTENCIAL
Cuando me cuesta mucho ver qué es posible

ESPÍRITU:

Estoy hasta el cuello con la abundancia de cosas que tienen potencial: ropa que hay que doblar, platos que hay que lavar y proyectos que siempre parecen incompletos. Reconozco mucho potencial aquí, pero no hay mucha esperanza de ver nada de eso completado en el futuro cercano.

Espíritu, cambia mi perspectiva para que encaje con la tuya. Ayúdame a recordar que tú siempre ves la meta a medida que me guías a través de cada día. Tú completarás tu obra en este mundo y completarás tu obra en mí. Sé que parte de esa obra implica cambiar mis actitudes y mis acciones en cuanto a todo lo que está incompleto en mi vida. Perdona los muchos días en los que pierdo el tiempo estando desanimada y enojada por no estar al control del tiempo y la productividad de mi vida. Quiero vivir como una madre que tiene un punto de vista a largo plazo, eterno.

Estoy seguro de que Dios, quien comenzó la buena obra en ustedes, la continuará hasta que quede completamente terminada el día que Cristo Jesús vuelva. FILIPENSES 1:6

⚙️ Una oración acerca de la PROTECCIÓN
Cuando necesito un refugio para esconderme

SEÑOR:

En cualquier semana, siento como si recorriera cien senderos y condujera mil kilómetros. Cuando doy un paso en una nueva dirección, rara vez considero si va a ser seguro o no. Cuando estoy en el tráfico, doy por sentado todas las cosas malas que *no* ocurrieron cuando conducía por la ciudad. Tú, oh Señor, has decretado todos mis caminos. Tú vas delante de mí y me sigues de cerca, rodeándome. Tú decides no solo adónde voy sino también todas las interacciones humanas que tendré. Las personas con quienes me rodeo, ¿van tras cosas correctas o malvadas? Frecuentemente no estoy segura de sus motivaciones.

Señor, ayúdame a depender de ti a diario para guía y discernimiento. Dame sabiduría para seguir tu camino soberano para mi día. Dame sensibilidad para oír y juzgar correctamente a medida que me relaciono con otras personas. Señor, toda mi protección y seguridad descansan completamente en tus manos. Estoy agradecida y en paz porque puedo descansar en este refugio seguro.

El nombre del SEÑOR es una fortaleza firme; los justos corren a él y quedan a salvo. PROVERBIOS 18:10

☀ Una oración acerca del QUEBRANTAMIENTO
Cuando necesito restauración

SEÑOR:

El mundo me dice que sea autosuficiente, que sea independiente, que nunca permita que me vean nerviosa. Pero eso es demasiada presión que tú no me pides que soporte. Sí, tú me pides que sea valiente, con tu poder. Tú me pides que confíe. Y tú bendices al quebrantado. Pero me cuesta estar convencida de esas verdades porque he sido adoctrinada con el idioma de un mundo que se enorgullece... pues, de sí mismo.

Uno de tus métodos para ayudarme a desaprender estas perspectivas incorrectas sobre la vida es permitir que me desgaste al punto del quebrantamiento. Allí es donde verdaderamente puedes obrar la genuina madurez en mí. Allí es donde tú cultivas tu fortaleza en mí. Allí es donde te veo más claramente. Gracias por no dejarme en el lugar del quebrantamiento. Por favor resplandece a través de mi debilidad para que mis hijos aprendan a valorar cuán preciosa es una época de quebrantamiento bajo tu cuidado.

El Alto y Majestuoso que vive en la eternidad, el Santo, dice: «Yo vivo en el lugar alto y santo con los de espíritu arrepentido y humilde. Restauro el espíritu destrozado del humilde y reavivo el valor de los que tienen un corazón arrepentido».
ISAÍAS 57:15

☼ Una oración acerca de ADAPTABILIDAD
Cuando necesito paciencia para reestructurar mi día

DIOS:

¡Aagghh! ¿Puedo desahogarme en primer lugar? En segundo lugar, me gustaría agradecerte por no enloquecer cuando yo lo hago. Te traigo mis emociones más complicadas ahora, pero estoy muy agradecida porque tú eres Dios y puedes encargarte de… *mí.*

Señor, siento que mi paciencia se agota porque mis planes se han reacomodado una vez más. No estoy segura de cómo terminaré las cosas originales de mi calendario, porque las necesidades inesperadas siguen apareciendo. ¿Conoces aquel viejo dicho: «El trabajo de una madre nunca se acaba»? Pues eso se debe a que ella siempre hereda las tareas de los demás. Se espera que esté lista y dispuesta a adaptarse a los avisos de última hora. Amo a mi familia, pero en este momento estas interrupciones adicionales me han desgastado. Así que, Dios, una vez más te agradezco por encargarte siempre de mis necesidades cambiantes. Porque tú nunca cambias, siempre eres capaz de sostenerme mientras salto de un lado a otro en una adaptación constante. Gracias por no tratarme como una interrupción. Por favor dame gracia y adaptabilidad adicionales para transmitirles a mis seres amados, para que ellos perciban en mí tu forma de dar la bienvenida.

A pesar de que soy un hombre libre y sin amo, me he hecho esclavo de todos para llevar a muchos a Cristo.
I CORINTIOS 9:19

※ **Una oración acerca de la GRACIA**
   Cuando necesito perspectiva

PADRE CELESTIAL:

Mi hijo me da una nueva perspectiva acerca de la gracia. No importa cuántas veces desobedezca o no escuche, todavía estoy inundada de amor por él. Así debe ser como tú te sientes en cuanto a mí. Gracias por ser mi Padre amoroso.

Acerquémonos con toda confianza al trono de la gracia de nuestro Dios. Allí recibiremos su misericordia y encontraremos la gracia que nos ayudará cuando más la necesitemos.
HEBREOS 4:16

DÍA 217 *Momento de oración*

※ **Una oración acerca del TRABAJO**
   Cuando se me olvida adónde lleva la haraganería

PADRE CELESTIAL:

Anhelo inculcarles a mis hijos una firme ética de trabajo. No solo porque el mundo la valora, sino porque es un principio bíblico. Sin embargo, sé que nuestra naturaleza humana nos impulsa a todos a buscar la recompensa sin hacer el trabajo. Por favor ayuda a mis hijos a ver que cuando ellos trabajen arduamente para tu gloria, no solamente prosperarán sino que, más importante aún, llegarán a profundizar aún más su relación contigo.

Los perezosos ambicionan mucho y obtienen poco, pero los que trabajan con esmero prosperarán. PROVERBIOS 13:4

⚙ **Una oración acerca de la SALUD**
Cuando necesito permiso para ponerme en primer lugar

SEÑOR:

Sucede que paso tanto tiempo y energía preocupándome por el bienestar de mi familia y cuidándolos a todos, que frecuentemente descuido mi propio cuerpo. Tú me has dado este cuerpo para que lo cuide y lo trate como tu templo, pero no siempre tomo el tiempo para cuidarlo de la forma en la que debería hacerlo.

Hazme recordar que no es egoísta tomar un tiempo para mí misma. Ayúdame a bajar la velocidad y a hacer el esfuerzo de cuidar de mi cuerpo, dándole comida sana y actividad para mantenerlo fuerte y sano. Solamente si me cuido puedo dar a mi familia mi mejor forma de ser. Gracias por este cuerpo y por la fortaleza que me das cada día.

¿No se dan cuenta de que su cuerpo es el templo del Espíritu Santo, quien vive en ustedes y les fue dado por Dios? Ustedes no se pertenecen a sí mismos, porque Dios los compró a un alto precio. Por lo tanto, honren a Dios con su cuerpo.
I CORINTIOS 6:19-20

☼ Una oración acerca de la TENTACIÓN
Cuando me siento atraída

PRECIOSO SALVADOR:

¿Por qué parece tan difícil perder peso? He enfrentado esta batalla sola por demasiados años. Gracias, Jesús, por traer a mi vida a otras madres que van tras los mismos objetivos. Por favor, ayúdanos a animarnos unas a otras a diario. Que participemos juntas para ejercer el control propio en nuestra alimentación. Sé que todas deseamos glorificarte con nuestro cuerpo, pero parece que las tentaciones que rodean los malos hábitos están al acecho en todas partes. Por favor haznos ver formas creativas de lidiar con nuestras malas prácticas y reemplázalas con prácticas saludables.

Cuando enfrentemos tentaciones, llénanos de tu Espíritu para que podamos vencerlas por fe. Danos pequeños estímulos de progreso para que perseveremos juntas. Sé que, en última instancia, la necesidad de perder peso y buscar un estilo de vida más sano indica un problema espiritual profundamente arraigado. Ayúdanos a descubrir la raíz de los problemas que nos hacen rendirnos ante las tentaciones. Que hoy todas practiquemos las disciplinas físicas y espirituales con un renovado compromiso de seguirte de cerca.

Amados hermanos, si otro creyente está dominado por algún pecado, ustedes, que son espirituales, deberían ayudarlo a volver al camino recto con ternura y humildad. Y tengan mucho cuidado de no caer ustedes en la misma tentación.
GÁLATAS 6:1

☼ Una oración acerca de la BELLEZA
Cuando quiero resplandecer con la belleza espiritual

SEÑOR:

La belleza que surge de dentro es escasa, pero nunca deja de dar una impresión. Independientemente de que alguien sea llamativo o común y corriente por fuera, la semejanza a Cristo que trasciende desde dentro puede transformar la apariencia física de alguien. Es completamente irresistible. Yo quiero esa clase de belleza, y quiero que mis hijos también la valoren. Que ellos crezcan en un hogar donde se enamoren de la belleza de lo que tú eres.

Pienso en las hermanas del Antiguo Testamento, Lea y Raquel, que compartieron la situación desafortunada de tener el mismo esposo, una persona que no las amaba de igual manera. Señor, eso debe haber sido un trago muy amargo. Sus circunstancias no sacaron lo mejor de ninguna de las dos, y me pregunto cómo podrían ellas haber mejorado sus vidas si te hubieran amado sinceramente. Con el tiempo, la amargura de Raquel sin duda deterioró su belleza física, y la belleza genuina podría haber transformado la simpleza de Lea, si ella simplemente hubiera disfrutado tu bondad con todo su ser. ¿Quién sabe? La verdadera belleza hasta podría haber ganado el corazón de su esposo. Yo quiero la verdadera belleza sin remordimientos, Señor.

Vístanse con la belleza interior, la que no se desvanece, la belleza de un espíritu tierno y sereno, que es tan precioso a los ojos de Dios. I PEDRO 3:4

☼ Una oración acerca de la RENOVACIÓN
Cuando necesito un descanso

SEÑOR:

Tú sabes que frecuentemente siento que no alcanzo a tener suficiente de mis hijos. Ellos me sorprenden cada día con sus cuerpos que crecen, con sus mentes curiosas, con sus corazones tiernos. Pero ya que sé que tú quieres que yo sea sincera contigo, Dios, aquí lo tienes: A veces sí siento que ya tuve suficiente de estas criaturas preciosas, frustrantes. A veces me gustaría tener un descanso de ellos. No permanentemente, pero por algún tiempo, una hora, un día, o incluso un fin de semana. Es bueno extrañarlos de vez en cuando.

Imagino pasar treinta minutos enteros, estando en silencio contigo o redescubriendo los pensamientos organizados que creo que todavía están resistiendo con dificultad en alguna parte de mi sobrecargado cerebro de madre.

Gracias, Señor, por entender mis límites y mis necesidades, así como yo intento entender y suplir las necesidades de mis hijos. Por favor ayuda a mi corazón a descansar en el tuyo hoy. Por favor tranquiliza mi espíritu aunque el día no permita una pausa. Gracias por no asombrarte por la verdad. Y gracias, una vez más, Padre, por estos dulces niños.

El SEÑOR le respondió: «Yo mismo iré contigo [...] y te daré descanso; todo te saldrá bien». ÉXODO 33:14

☼ Una oración acerca de la IMPOTENCIA
Cuando no hay nada que yo pueda hacer

PADRE:

Me siento tan indefensa. Enfrento una situación imposible y no sé adónde acudir para encontrar una solución. ¿Por qué es que solo pienso en acudir a ti cuando se acaban mis recursos? Fácilmente olvido que tú eres el único que puede ver una salida de esto. Solo tú tienes el poder de abrir un camino donde parece que no hay ninguno.

Perdóname por no acudir a ti antes. Por favor ayúdame en esta situación. Ayúdame a entregarte mi control y a confiar que tú harás que todo coopere para el bien. Ayúdame a ser paciente y a esperar tu tiempo. Tú eres mi Padre, y no quieres nada más que lo mejor para mí. Aunque no pueda ver por qué ocurre esto, tú sabes por qué y sabes qué es mejor. Ayúdame a apoyarme en ti y a tener fe en ti.

El Espíritu Santo nos ayuda en nuestra debilidad. Por ejemplo, nosotros no sabemos qué quiere Dios que le pidamos en oración, pero el Espíritu Santo ora por nosotros con gemidos que no pueden expresarse con palabras. Y el Padre, quien conoce cada corazón, sabe lo que el Espíritu dice, porque el Espíritu intercede por nosotros, los creyentes, en armonía con la voluntad de Dios. ROMANOS 8:26-27

❄ Una oración acerca de los LÍMITES
Cuando mis hijos quieren más libertad

PADRE:

Por favor ayúdame a enseñarles a mis hijos lo que implica la verdadera libertad. Ayúdalos a entender que los límites que pongo, con base en los estándares de la Biblia, en realidad están diseñados para ayudarlos a vivir *libremente* y no para caer en la cárcel del pecado. Graba esta verdad en sus corazones de una forma que haga que ellos se apropien de ella.

Ustedes, mis hermanos, han sido llamados a vivir en libertad; pero no usen esa libertad para satisfacer los deseos de la naturaleza pecaminosa. Al contrario, usen la libertad para servirse unos a otros por amor. GÁLATAS 5:13

DÍA 224 *Momento de oración*

❄ Una oración acerca de la INTIMIDAD
Cuando quiero aprender a ser franca

SEÑOR:

Tú me has creado para estar en comunidad, para conectarme con otros a un nivel profundo de corazón. Este es un valor que quiero inculcar en mis hijos. No quiero que ellos le teman a la intimidad sino que acepten a los demás. Ayúdame a ser un ejemplo de esto derribando cualquier muro que pueda haber erigido inconscientemente para mantener a los demás a cierta distancia. Que mis hijos aprendan a desarrollar y a mantener amistades y relaciones saludables observándome.

Ámense unos a otros con un afecto genuino y deléitense al honrarse mutuamente. ROMANOS 12:10

☼ Una oración acerca de la ADVERSIDAD
Cuando veo batallar a mis hijos

SEÑOR:

Supongo que mi propio dolor no me lastima igual que lo hacen los problemas de mis hijos. Cuando veo batallar a mis hijos, frecuentemente me siento inadecuada en cuanto a saber qué decir, cómo ayudar o si simplemente debería estar tranquilamente disponible. A medida que mis hijos maduran, me pregunto cómo sabré cuál es mi papel en cada fase de sus vidas. A medida que un hijo crece, crece también el padre. Señor, siento los dolores del crecimiento junto con ellos. Si hubiera un interruptor para solucionar las cosas, la vida sería mucho más fácil. Al encender el interruptor, todo saldría bien.

Pero entonces no tendríamos la oportunidad de aumentar nuestra fe en ti, ¿verdad? A ver... tal vez el crecimiento de la fe es parte de lo que tú nos ayudas a aprender a través de la adversidad. Por favor, haz ver a mis hijos a través de esta batalla que tú siempre estás con ellos y te encuentras listo para ayudar. Acércalos a ti para que te conozcan más completamente; profundizar la intimidad contigo hará que este desafío signifique algo. Ayúdalos a confiar en que tú pelearás con ellos y por ellos. Madura su fe y su carácter para que brilles a través de ellos en un mundo de adversidad.

Dios es nuestro refugio y nuestra fuerza; siempre está dispuesto a ayudar en tiempos de dificultad. SALMO 46:1

⚙ Una oración acerca de la TERNURA
Cuando anhelo el amor compasivo de un padre

PADRE:

Gracias por la forma tierna en que me amas. A veces me cuesta darles esa misma compasión a mis hijos. Recuerdo con dolor la falta de delicadeza y amor que recibí de mi padre terrenal. Ahora, muchos años después, todavía tengo las heridas y las cicatrices de esa falta de afecto.

Dame gracia, Padre *celestial*, para romper el ciclo de las relaciones carentes de gracia. Solo tú eres el punto de referencia para las relaciones saludables. Sé que desarrollaré mi aprecio y mi práctica de esta clase de cuidado tierno solamente a medida que estudie las Escrituras. De tapa a tapa, tú has lidiado pacientemente con tus hijos pecadores. Y yo me veo en esas páginas, especialmente cuando he sido testaruda y fría en mi respuesta a ti. Tú me has extendido bondad y gracia. Perdóname por las muchas formas en las que he rehusado o retenido mi amor a los demás. Que el modelo de tu amor infalible sea el legado de mi familia, no solo para esta generación sino también para las generaciones futuras.

El SEÑOR es como un padre con sus hijos, tierno y compasivo con los que le temen. SALMO 103:13

☼ Una oración acerca de la PALABRA DE DIOS
Cuando lleno mi mente de cosas buenas

SEÑOR:

Tú me has encomendado no solo una vida joven para que la cuide sino también mi propia vida. Me has puesto en esta posición para que pueda vivir una vida digna de ti y compartir tu amor con los demás. Una forma de que tenga una vida saludable es leyendo tu Palabra y tratando de alinear mi vida con tus propósitos. Al llenar mi mente y mi corazón de tu verdad, puedo honrarte con mi vida.

Ayúdame a recordar pasar tiempo en tu Palabra a diario y a compartir tus palabras con mis hijos mientras crecen. Permite que tu verdad brille a través de mi vida al reflejar tu carácter. Ayúdame a inculcarle tu verdad y amor a cualquier persona con la que me tope.

Hijo mío, presta atención a lo que te digo. Escucha atentamente mis palabras. No las pierdas de vista. Déjalas llegar hasta lo profundo de tu corazón, pues traen vida a quienes las encuentran y dan salud a todo el cuerpo. Sobre todas las cosas cuida tu corazón, porque este determina el rumbo de tu vida. PROVERBIOS 4:20-23

☼ Una oración acerca de la VACUIDAD
Cuando necesito saber que tú eres suficiente

SEÑOR:

Creo que podría reflexionar en los versículos de hoy por siempre. Quiero más de ti, más poder para entender la inmensidad de tu amor. Quiero más de la plenitud y la abundancia que surgen al empaparme de tu Espíritu.

No estoy segura cómo ocurre, cómo llenas de ti mismo a una simple humana. Pero estoy muy agradecida porque estuviste consciente de mi vacuidad antes que yo. Señor, independientemente de lo que se requiera, lléname. No quiero desperdiciar mis días cuando tú ya estás listo y dispuesto a infundirme tu abundancia. Glorifícate en mi carencia al demostrar que eres fuerte y misericordioso. Hazme ver cuán ancho, cuán largo, cuán alto y cuán profundo es tu amor por mi familia y por mí. Hazte real para cada uno de nosotros, de nuevas maneras, esta semana. Haz tu hogar en nosotros mientras anhelamos el hogar eterno que tú estás construyendo para compartirlo con nosotros.

Cristo habitará en el corazón de ustedes a medida que confíen en él. Echarán raíces profundas en el amor de Dios, y ellas los mantendrán fuertes. Espero que puedan comprender, como corresponde a todo el pueblo de Dios, cuán ancho, cuán largo, cuán alto y cuán profundo es su amor. Es mi deseo que experimenten el amor de Cristo, aun cuando es demasiado grande para comprenderlo todo. Entonces serán completos con toda la plenitud de la vida y el poder que proviene de Dios. EFESIOS 3:17-19

✳ **Una oración acerca de las COMPARACIONES**
Cuando olvido que no tengo que ser perfecta

PADRE CELESTIAL:

Desperdicio mucha energía tratando de ser lo que creo que una buena madre debería ser. Me comparo con las demás madres y sus hijos aparentemente perfectos, y me siento como un fracaso. Simplemente no soy capaz de llegar a la altura que parece que los medios de comunicación, la iglesia y el mundo establecen.

Pero tú no quieres que sea como alguien más. Tú me creaste para ser única. Tu Palabra dice que fui hecha maravillosamente compleja. Tú me hiciste (todas y cada una de mis facetas) desde el mismo comienzo. Tú diseñaste cada parte de mí con un propósito específico. Aun así, es difícil aceptar las cosas de mí que parecen menos que ideales. Ayúdame a confiar en ti y a verme a través de tus ojos. Hazme recordar cada día que tú me amas tal como soy.

Tú creaste las delicadas partes internas de mi cuerpo y me entretejiste en el vientre de mi madre. ¡Gracias por hacerme tan maravillosamente complejo! Tu fino trabajo es maravilloso, lo sé muy bien. SALMO 139:13-14

⚜ **Una oración acerca de la TRANQUILIDAD**
Cuando el silencio es invaluable

DIOS:

He vivido en mi camioneta, persiguiendo los horarios de mis hijos a lo largo de muchas cuadras de la ciudad. Cuando el semáforo está en rojo, me pregunto qué he logrado en realidad. Aunque mi vida cuenta la historia de que la actividad es lo que ansío, lo único que quiero en realidad es silencio. Dios, por favor haz momentos de silencio para mí, para que pueda empaparme de tu presencia y luego reflexionar en tu bondad.

Es mejor tener un puñado con tranquilidad que tener
dos puñados con mucho esfuerzo y perseguir el viento.
ECLESIASTÉS 4:6

⚜ **Una oración acerca del PÁNICO**
Cuando necesito el recordatorio de que Dios se interesa

SEÑOR:

Me siento muy sola. Me pregunto si alguien siquiera ve mis lágrimas u oye mi llanto. Pero tú me dices en tu Palabra que tú recoges cada una de mis lágrimas en un frasco. Tú ves mi dolor y prometes caminar conmigo a través de él. Tranquiliza mi cuerpo y calma mis pensamientos desenfrenados. No tengo otro lugar al cual acudir. Gracias porque tú nunca me dejarás ni me abandonarás.

Tú llevas la cuenta de todas mis angustias y has juntado todas
mis lágrimas en tu frasco; has registrado cada una de ellas en
tu libro. SALMO 56:8

⚙ Una oración acerca de la ETERNIDAD
Cuando anhelo su libertad

DIOS:

Anhelo alabarte por siempre, ¡a partir de hoy! En estos días, Señor, deseo mucho que la eternidad comience inmediatamente. Cuánto me encantaría que mis hijos se salvaran de los problemas de esta vida. Sí, la vida aquí puede ser maravillosa, pero también puede estar llena de problemas. Cuánto mejor para tus hijos estar contigo. A veces me cuesta mucho esperar el regreso de Jesús. Aun cuando quedo enmarañada en los detalles de la vida en la tierra, todavía hay una parte de mi corazón que anhela lo que le falta. Este descontento no se va a aliviar definitivamente hasta que pueda disfrutar el cielo contigo.

Quiero que mis hijos anhelen la eternidad también. Por favor dales el enfoque de la eternidad en lugar de que vivan atrapados en el aquí y el ahora que se desvanece. Planta en nosotros corazones de alabanza y agradecimiento, y ayúdanos a adorarte con nuestras vidas. Gracias por ofrecer la eternidad y por abrir el camino a través de Jesús, para que compartamos la eternidad contigo. No tenemos idea de lo bueno que eso será, ¿no es cierto? Gracias por los destellos del cielo que nos das en tu Palabra. Ellos son la fuente de la verdadera esperanza mientras esperamos ese día.

Oh SEÑOR, mi Dios, ¡por siempre te daré gracias!
SALMO 30:12

⚙ Una oración acerca de la SATISFACCIÓN
Cuando deseo un corazón agradecido

PADRE:

Parece que mi hijo adolescente siempre tiene hambre; no hay límite para su apetito. Algunos días me pregunto si se comerá todo lo que hay en la casa. Como joven que es, también tiene hambre de entretenimiento, de relaciones y de éxito. Esas búsquedas lo agotan. Es difícil encontrar contentamiento. Pero él no está solo en sus búsquedas vanas; yo persigo esas cosas justo a su lado. Frecuentemente me encuentro inquieta e insatisfecha con mi vida.

Padre, perdóname por mi insatisfacción y guíame por el camino de dar gracias y ser agradecida. Ayúdame a percibir las bendiciones de cada día. Danos ocasiones para animarnos mutuamente al ver tus provisiones diarias. Por favor cultiva en nuestra familia una cultura de gratitud. Que nuestras bocas y nuestros corazones derramen la alabanza por tus muchas provisiones agradables.

Todo es tan tedioso, imposible de describir. No importa cuánto veamos, nunca quedamos satisfechos. No importa cuánto oigamos, nada nos tiene contentos. ECLESIASTÉS 1:8

☼ Una oración acerca del CONSEJO
Cuando me doy cuenta de que hablo demasiado

SEÑOR:

Me di cuenta de que le hablaba a una amiga como si yo fuera una profesional autoproclamada. Hablaba sin parar, como si mis pensamientos fueran una mina de bendición para cualquiera que me oía. Tú también me oíste, Dios. Mi boca simplemente no paraba de hacer ruido acerca de los beneficios de *esto,* de las señales de advertencia de *aquello*, de los rumores acerca de *ellos*, y de lo que mi amiga tenía que hacer acerca de *eso.* Cualquiera pensaría que yo sabía todo eso y más. Bueno, tú no habrías sido engañado, porque me conoces bien, Dios. Muy probablemente, mi amiga también sabe la verdad acerca de mí. Mi inclinación a dar consejos no es atractiva cuando dejo que corra desenfrenadamente. Pero es muy fácil dar demasiado, con demasiada frecuencia, y tratarlo como si fuera una acción de «compartir información».

Por favor, recuérdame que al hablar mucho mi insensatez se hará evidente. Ayúdame a oír abundantemente y a hablar con moderación. Por favor mantenme tan ocupada escuchando a tu Espíritu que mi boca no tenga tiempo para verbalizar cada porción de información que creo que sería de beneficio para alguien. Y, Señor, si alguien quiere mi consejo, por favor, habla a través de mí para que sea a ti a quien esa persona oiga.

Las palabras arrogantes del necio se convierten en una vara que lo golpea. PROVERBIOS 14:3

☀ Una oración acerca de las DECISIONES
Cuando necesito una orientación clara

DIOS:

Si tan solo hubiera un manual para esto. Tú ves las opciones que tengo enfrente, así como mi confusión en cuanto a cuál camino tomar. Quisiera poder saber tu perfecta orientación cada vez, para poder descansar en cuanto a esta decisión. La he estado evaluando tanto que ya no estoy segura de nada excepto del tamaño de mis dudas. No quiero adelantarme a ti ni quedarme atrás, y definitivamente no quiero terminar en un camino en el que tú no me estés guiando.

Estoy lista para actuar, Señor, pero si no percibo tu respuesta clara, por favor ayúdame a mantener el rumbo hasta que pueda saber que tú me estás moviendo a uno u otro camino. Y, Dios, por favor no permitas que pase por alto tu voz. Dame mejores oídos para oírte. Reclamo tu promesa de que tú te acercarás a mí cuando yo me acerque a ti. Te necesito especialmente en esto, Señor, así que gracias de antemano por ayudarme a entender tu guía.

Tus oídos lo escucharán. Detrás de ti, una voz dirá: «Este es el camino por el que debes ir», ya sea a la derecha o a la izquierda. ISAÍAS 30:21

⚙ Una oración acerca de la HOSPITALIDAD
Cuando quiero demostrar tu amor

SEÑOR:

A medida que mis hijos crecen, quiero que mi hogar sea un ambiente acogedor para sus amigos. Algunos de estos chicos quizá no han experimentado tu amor y gracia en sus propias familias. Nuestro hogar puede ser la única exposición que ellos tengan a un lugar seguro y afectuoso. Ayúdame a crear un espacio en nuestro hogar que sea atractivo. Hazme recordar, incluso cuando esté cansada, que la risa y el desorden son parte de la vida, y que el valor de ser hospitalaria supera tener una casa limpia. Ayúdame a demostrarle a cada niño que honra la puerta de mi casa el mismo amor y atención que les doy a los míos. Hazme recordar que tú amas muchísimo incluso a los que a mí me cuesta amar.

Hazme ver cómo enseñarles a mis hijos este mismo valor de la hospitalidad. Guíalos a tomar decisiones sabias al buscar amigos, para que se rodeen de influencias positivas y sean capaces de influir en otros de manera positiva.

Compartan su comida con los hambrientos y den refugio a los que no tienen hogar; denles ropa a quienes la necesiten y no se escondan de parientes que precisen su ayuda.
ISAÍAS 58:7

☀ Una oración acerca de la SABIDURÍA DE DIOS
Cuando necesito la perspectiva divina

ESPÍRITU DE DIOS:

Confieso que a veces me interesa más que mis hijos sean inteligentes que sabios. El conocimiento adquirido es genial, pero el conocimiento aplicado es aún mejor. Que todos busquemos reverenciarte y maravillarnos de tus caminos. A medida que aumenta nuestro aprecio de tu carácter, que sea evidente en nuestras decisiones y elecciones. Espíritu Santo, por favor mantennos en una búsqueda firme de las perspectivas divinas.

El temor del SEÑOR es la base del verdadero conocimiento, pero los necios desprecian la sabiduría y la disciplina.
PROVERBIOS 1:7

☀ Una oración acerca del TIEMPO
Cuando anhelo aprovechar cada momento al máximo

SEÑOR:

Pierdo la cuenta de con cuánta gente me topo cuando camino desde el tren hasta mi oficina. Anhelo andar con sabiduría, administrando mi tiempo, mis palabras y mis acciones de una manera que te agrade. Quiero que mi vida haga impacto eterno en el alma de los demás. Yo entrego mis planes y mis programas y te espero para que tú ordenes mis pasos.

Vivan sabiamente entre los que no creen en Cristo y aprovechen al máximo cada oportunidad. COLOSENSES 4:5

DÍA 239

※ Una oración acerca de las CRÍTICAS
*Cuando necesito una buena respuesta de alguien
desdeñoso*

SEÑOR:

¡A veces quisiera que no te importara que yo respondiera
a las palabras despectivas de alguien con mis propias palabras similares! Lo sé, sí me desquito en represalia de vez
en cuando, pero cada vez, después me doy cuenta que mi
decisión no te honró ni ayudó en la situación. Parte de mi
deseo de corregir a alguien surge de una voz impía que
dice que tengo el derecho de defenderme y de poner a
los demás en su lugar. Y, ¡ah!, qué bien se siente por un
momento. Pero luego, no. Al recordar que a ti te agrada
mucho cuando me deleito en ti, no me importa tanto lo
que digan los demás.

Por favor ayúdame a vivir más allá de la bajeza de
alguien que se presenta con críticas ofensivas. Por favor
dame la visión de esa alma como se ve a través de tus
ojos; es un alma tan valiosa para ti que moriste para darle
vida, así como lo hiciste por mí. Ayúdame a responder
más generosamente que ofendiendo, pero no con arrogan-
cia. Ayúdame a ofrecer gracia como respuesta a la rudeza,
misericordia en lugar de críticas, mientras permanezco
firme e íntegra en ti.

*«No pequen al dejar que el enojo los controle». No permitan
que el sol se ponga mientras siguen enojados, porque el enojo
da lugar al diablo.* EFESIOS 4:26-27

✧ Una oración acerca de la CULPA
Cuando necesito encontrar una manera nueva de motivar

PADRE MISERICORDIOSO:

Como madre, me doy cuenta de que uso la culpa como una forma de manipular a mis hijos para que hagan lo que yo quiero. Me veo haciéndolo y sé que está mal, pero de todas formas lo hago. A veces simplemente parece que es la forma más fácil de lidiar con un problema. Este no es un patrón que quiero transmitirles a mis hijos. Quiero que traten a los demás con amabilidad y respeto, y no que manipulen para hacer que las cosas salgan a su manera. Ayúdame a modelar la clase de comportamiento que tú has modelado para mí. Ayúdame a quedarme con la palabra en la boca cuando me dé cuenta de que estoy a punto de usar la culpa como herramienta. Hazme recordar, una vez más, que adopte la amabilidad, la bondad, la gentileza y el control propio al tratar con todos, pero especialmente en mi papel de madre, mientras moldeo y formo a mis hijos. Gracias por ser el modelo que yo puedo seguir en la crianza de mis hijos todos los días.

Arrepiéntanse de sus pecados y vuelvan a Dios para que sus pecados sean borrados. Entonces, de la presencia del Señor vendrán tiempos de refrigerio y él les enviará nuevamente a Jesús, el Mesías designado para ustedes.
HECHOS 3:19-20

☼ **Una oración acerca del DESCANSO**
Cuando me resisto a la invitación de Cristo

PADRE:

Llego al final del día agotada, desanimada y físicamente exhausta. Aun así, mi alma está tranquila ahora, y puedo oír tu invitación gentil, compasiva y personal de acudir a ti. ¿Por qué me resisto a este dulce llamado? Perdóname, Señor, por estar distraída con las preocupaciones de este mundo y cautivada con las cosas buenas y no con lo que es mejor. Tu invitación está tan llena de promesa que puedo comenzar a sentir que la esperanza crece dentro de mí. Estoy agradecida porque tu invitación es constante y continua. No es condicional; es para cada alma exhausta.

Padre, hazme ver qué significa descansar y morar en ti. Necesito llegar, dejar mis cargas y abrir mis manos y mi corazón. Quiero recibir, ver que mi profunda hambre y sed se satisfacen y aceptar tu voluntad para mi vida. Padre, con todo lo que me estás llamando a hacer mañana, ¿puedo descansar mientras corro? Gracias, precioso Señor, por tu promesa de verdadero descanso y reposo. Restaura mi corazón, renueva mi mente y revitaliza mi fortaleza para que te siga un día más.

Dijo Jesús: «Vengan a mí todos los que están cansados y llevan cargas pesadas, y yo les daré descanso». MATEO 11:28

DÍA 242

※ Una oración acerca de la SOLEDAD
Cuando quiero solucionar la situación

PADRE CELESTIAL:

Es muy difícil ver a mi hija batallar con la soledad. Verla sufrir cuando sus amigos son crueles con ella o no la invitan a sus actividades hace que quiera intervenir y protegerla. Yo sé que no siempre puedo estar allí para arreglar las cosas. No puedo obligar a otros a incluirla y a tratarla amablemente en todas las situaciones. La vida es difícil, y aprender a lidiar con el rechazo es un hecho de la vida del que no puedo protegerla.

Aunque no pueda evitar que experimente dolor, tú has prometido que siempre caminarás con ella. Tú la consolarás y proveerás un refugio para ella cuando la vida se ponga difícil. Gracias por estar siempre allí también. Ayúdame a enseñarle a mi hija a apoyarse en ti y a confiar en ti durante las épocas dolorosas, cuando siente que a nadie le interesa. Permítele depender de la verdad de que tú nunca la dejarás.

Aun cuando yo pase por el valle más oscuro, no temeré, porque tú estás a mi lado. Tu vara y tu cayado me protegen y me confortan. SALMO 23:4

✳ Una oración acerca de PEDIR PERDÓN
Cuando necesito confesar algo

DIOS:

Tuve que pedirles perdón a mis hijos. Dejé que mis emociones tomaran el control, que mi mal genio estallara, que mi boca se soltara y que mi corazón revelara su lado más feo. Al principio no me di cuenta de que tenía que disculparme con ellos; después de todo, yo soy la madre y ellos tienen que aprender a no ponerme a prueba, ¿no es cierto?

Pero luego sentí tu impulso en mi espíritu, y supe que esa excusa no estaría a la altura de tu deseo de que viva honestamente y refleje tu carácter. Cuando dije que lamentaba la forma en la que les había hablado, ellos no negaron lo que yo había hecho. Ellos sabían tan bien como yo que había errado. Señor, gracias por no permitir que modelara engaño y falta de amabilidad. Aunque ellos me vieron decidir de forma imprudente al principio, por favor permite que aprendan de mi error y que sepan que tienen que ofrecer disculpas sinceras cuando ellos también erran en algo. Gracias, Señor, por la lección aprendida, y por tu método misericordioso de hacerme volver al camino.

Los que encubren sus pecados no prosperarán, pero si los confiesan y los abandonan, recibirán misericordia.
PROVERBIOS 28:13

⚙ Una oración acerca de las DEMANDAS DE LA
   VIDA
   Cuando necesito un descanso

SEÑOR:

Hoy estoy muy cansada por la presión de los compromisos
en la escuela y en la iglesia, así como de las fechas límite en
el trabajo. No puedo hacerlo todo sola. Necesito tu ayuda,
fortaleza y orientación. Gracias por la invitación de poner
todas mis preocupaciones en tus manos. ¡Dame ahora la
gracia para aceptarla!

*Pongan todas sus preocupaciones y ansiedades en las manos
de Dios, porque él cuida de ustedes.* 1 PEDRO 5:7

DÍA 245 *Momento de oración*

⚙ Una oración acerca del ABURRIMIENTO
   Cuando batallo con las actitudes de mis hijos

SEÑOR:

Estoy tan cansada de oír: «¡Estoy aburrido!». Nunca se dice
de buena manera; siempre se dice con un lloriqueo. Por
favor, Señor, aumenta el agradecimiento de mis hijos y aní-
malos con tu presencia para contrarrestar el tedio de sentir
que no tienen nada que hacer. Ayúdame a animarlos a servir
en lugar de esperar que los sirvan, como tú lo modelaste. La
vida es emocionante cuando se vive a través de ti y para ti.

*Desde el principio del mundo, ningún oído ha escuchado, ni
ojo ha visto a un Dios como tú, quien actúa a favor de los
que esperan en él.* ISAÍAS 64:4

✺ Una oración acerca de la OBEDIENCIA
Cuando necesito una nueva perspectiva

SEÑOR JESÚS:

Muchas veces siento que crece la irritación dentro de mí porque mi hijo simplemente no quiere oírme. Lo único que pido es que respete mi autoridad para que pueda evitar el dolor a largo plazo. ¿Por qué le es tan difícil oír?

Espera un minuto. Tengo que hacer una pausa y sonreír. ¿Qué tan frecuentemente me he rebelado infantilmente contra tu autoridad y he bloqueado tu voz para poder hacer las cosas a mi manera? ¿Y cuántas veces me he encontrado con dolor porque rehusé oírte? Hazme recordar mi propia desobediencia y ayúdame a darle gracia a mi hijo, así como tú me has dado gracia. Tú me has perdonado más veces de las que puedo contar, y sigues guiándome pacientemente, ya sea que te oiga o no. Ayúdame a aprender de tu ejemplo santo y a crecer en mi propia paciencia hoy.

Pedro se le acercó y preguntó: «Señor, ¿cuántas veces debo perdonar a alguien que peca contra mí? ¿Siete veces?». «No siete veces —respondió Jesús—, sino setenta veces siete».
MATEO 18:21-22

☀ Una oración acerca del TEMOR
Cuando la duda grita más fuerte que la fe

SEÑOR:

Quiero oír tus promesas tranquilas, pero a veces el miedo grita muy fuerte y alimenta mi duda en lugar de mi fe. Algunos de mis mayores temores tienen que ver con mis hijos porque yo no puedo protegerlos de todo daño. Los accidentes insólitos, los depredadores, las enfermedades y los desastres inesperados: todos están fuera de mi control, y me asusta pensar que el bienestar de mis preciosos hijos esté en peligro.

Pero, Jesús, por generaciones tú has ayudado a los padres que han enfrentado situaciones horrendamente temibles con sus pequeños. Jairo pasó por una montaña rusa de emociones cuando su pequeña hija estuvo cerca de la muerte. Él permitió que su esperanza aumentara cuando se acercó a ti. Cuando parecía que te habías demorado demasiado, el corazón de Jairo probablemente se destrozó. Pero tú estuviste allí todo el tiempo, y no llegaste demasiado tarde ni fuiste de poca ayuda. Tú me dices que te confíe mis hijos. Gracias, Señor, porque aunque el estrépito del miedo sea fuerte, tú eres sumamente más poderoso y totalmente seguro en tu capacidad de proteger sus vidas. Por eso coloco a mis hijos, una vez más, en tus manos, donde han estado más seguros todo el tiempo. Por favor concédeme gracia para confiar en ti más que en mis temores.

Jesús oyó lo que decían y le dijo a Jairo: «No tengas miedo. Solo ten fe». MARCOS 5:36

✺ Una oración acerca del CAMBIO
Cuando me siento insegura de lo que está por venir

SEÑOR:

El cambio es uno de esos fenómenos que pueden percibirse como una gran bendición o una prisión intimidante. A veces el cambio puede ocasionar renovación después de un tiempo agotador, otras veces, puede sacudirnos de un estilo de vida muy acogedor y llevarnos a uno que no se percibe como un buen ajuste. Y luego está la clase de cambio que tú haces dentro de nosotros, que típicamente nos da una punzada o dos mientras nos percatamos de un rasgo de carácter deficiente. Cuando tú nos cambias, frecuentemente requieres que hagamos algo de manera distinta como respuesta: tu cambio en nosotros genera cambio por parte de nosotros.

Pero Dios, cuando empiezas un cambio, podemos consolarnos con el hecho de que lo nuevo que haces es para nuestro bien. Al final, seremos mejores por eso. Esa verdad ocasiona una paz enorme, a pesar de la pérdida de lo conocido, de la salida de la comodidad, o del dolor de lidiar con el pecado personal. Así que, Dios, sigue cambiándome. Pero mientras lo haces, ¿podrías por favor obrar en mí un espíritu enseñable y dispuesto para que reciba lo bueno que tú estás creando?

Sabemos que Dios hace que todas las cosas cooperen para el bien de quienes lo aman y son llamados según el propósito que él tiene para ellos. ROMANOS 8:28

✺ Una oración acerca del CONTACTO
Cuando me veo tentada a pasar por alto la presencia sanadora de Dios

PADRE:

Hago mis mandados hoy como una mujer débil y herida. Las demandas de mi familia y las presiones de las fechas límite me ocasionan una enorme angustia. Necesito tu toque santo y nuevo. Sé que cuando me comunico contigo en oración la sanación está cerca. Sé que mi alma puede descansar por medio de las verdades llenas de paz que encuentro en tu Palabra. Estoy agradecida por percibir tu presencia en medio de la comunidad. Mis hermanos y hermanas en Cristo son recordatorios tangibles de tu poder para sanar. Ellos son tus manos, pies y voz en mi momento de angustia.

Padre, te pido tu perdón por las incontables maneras en las que trato de anestesiar mi dolor. Yo trato de esconderme o correr hacia cosas inferiores. Nunca puedo escapar de tu presencia, y no puedo esconderme de tu mirada que está siempre presente. La sanación y la plenitud son posibles solamente a través de un encuentro significativo contigo. Por favor renueva mi esperanza y acércame más a ti hoy.

Entonces Jesús se les acercó y los tocó. «Levántense —les dijo—, no tengan miedo». MATEO 17:7

☼ **Una oración acerca del TRABAJO**
Cuando necesito cesar mis labores

DIOS:

Al ver mi calendario, me siento absolutamente abrumada por el número de actividades sin sentido en las que estoy involucrada a lo largo del año. Una vez más he permitido que nuestra familia esté demasiado comprometida. No tenemos ningún margen en nuestro calendario para descansar y ser renovados. Reconozco que esto es más que mala planificación; es pecado. Me arrepiento por no valorar el patrón del descanso del día de reposo. Tú has establecido para todos nosotros el patrón de cómo la vida funciona óptimamente. Mi deseo de agradar a los demás y alcanzar los éxitos del mundo ha nublado mi juicio y mis decisiones.

Por favor ayúdame a recordar, Señor, que cada decisión de hacer algo bueno también es una decisión de no hacer algo que pudiera ser mejor. Quiero modelar para mis hijos un ritmo de vida saludable, que te agrada. Por favor fortaléceme para lidiar con los patrones indeseables en mi calendario. Dios, me comprometo contigo a que esta semana descansaré de mis labores y luego descansaré en ti este día del Señor. Dame gracia para hacer a un lado los enredos que me desvían de servirte con todo mi corazón.

Cuando llegó el séptimo día, Dios ya había terminado su obra de creación, y descansó de toda su labor.
GÉNESIS 2:2

⚙ **Una oración acerca del CONFLICTO**
Cuando la rivalidad gobierna nuestro hogar

JESÚS:

Otra vez están con eso. En lugar de ser el mejor amigo del otro, una red de seguridad de apoyo mutuo, mis hijos están riñendo y destruyéndose mutuamente. Me duele verlos, y eso amenaza con ensombrecer la atmósfera de nuestro hogar. Por favor suaviza sus corazones hacia el otro y permite que vean las características maravillosas del otro. Ayúdalos a crecer en paciencia y gentileza para que como familia podamos bendecirnos unos a otros.

Confiésense los pecados unos a otros y oren los unos por los otros, para que sean sanados. La oración ferviente de una persona justa tiene mucho poder y da resultados maravillosos. SANTIAGO 5:16

⚙ **Una oración acerca de la UNIDAD**
Cuando quiero pasar por alto mi propio pecado

SEÑOR:

¿Por qué no puede entender mi amiga cuánto ha herido mis sentimientos? Para mí, esta ofensa es tan clara como el agua. Sé que a veces puedo estar ciega al potencial de hacer la paz por la enormidad de mi pecado. Ayúdame a dejar de tener en cuenta la astilla en el ojo de mi hermana. Dame gracia para acercarme a ella en busca de entendimiento.

¡Hipócrita! Primero quita el tronco de tu ojo; después verás lo suficientemente bien para ocuparte de la astilla en el ojo de tu amigo. MATEO 7:5

⚙ Una oración acerca de los OBSTÁCULOS
Cuando me veo desviada

SEÑOR:

No me agrada cuando mis planes se frustran. Ya sea la inesperada llanta pinchada, una enfermedad repentina o un gasto inesperado, hay días en los que siento que lo único que hago es chocar contra una pared. Es fácil sentir que estás en contra mía y que eres el autor de mis problemas. Pero eso está lejos de ser el caso.

Tú eres mi campeón y Salvador. Tú caminas conmigo en todos mis desafíos, grandes y pequeños. Ayúdame a recordar que no estoy sola en la vida. Tú estás conmigo en cada paso del camino. Hazme recordar que progreso cada día, a pesar de cualquier adversidad con la que me tope. Moldéame de manera que sea la persona que tú quieres que sea, a través de los problemas inesperados que enfrento.

Entonces su fe, al permanecer firme en tantas pruebas,
les traerá mucha alabanza, gloria y honra en el día que
Jesucristo sea revelado a todo el mundo. 1 PEDRO 1:7

☀ Una oración acerca de la HONESTIDAD
Cuando quiero ser un buen ejemplo

PADRE CELESTIAL:

Una de las cosas más importantes que quiero transmitirle a mi hija es el valor de la integridad. Sé que la única forma de hacerlo es modelarlo con mi propia vida. Es muy fácil ser tentada a tergiversar la verdad o exagerar una situación, pero unos ojitos miran cada movimiento que hago y aprenden de mi ejemplo.

Ayúdame a arrancar cualquier deshonestidad que exista en mi vida. Ayúdame a caminar en tu verdad y a modelarla para mi pequeña. Tú me has dado el ejemplo perfecto de cómo encarnar la integridad con mis interacciones. Moldéame y dame la forma de un reflejo exacto de tu carácter. Ayúdame a transmitir estos valores a medida que mi hija crece y aprende a amarte.

Dejen de decir mentiras. Digamos siempre la verdad a
todos porque nosotros somos miembros de un mismo cuerpo.
EFESIOS 4:25

☼ Una oración acerca de la COMUNICACIÓN
Cuando batallo para disciplinar con respeto

SEÑOR:

En nuestra casa hablamos dos idiomas distintos. Mis hijos y yo no pensamos igual en estos días y estoy más allá de mi habilidad para saber cómo conectarme con ellos a su nivel en tanto que mantengo mi autoridad. Quiero que se sientan respetados, así como yo quiero que se me respete. ¿Cómo me comunico de una forma que valide sus sentimientos y los edifique, incluso cuando tengo que ser firme? ¿Cómo les hago ver que sí oigo y que me interesa lo que dicen, pero que mi decisión es definitiva?

Por favor, dame una mejor visión de su mundo. Ayúdame a oír bien, a usar tanto mis oídos como mi corazón. Por favor permite que mis hijos y yo entendamos las perspectivas de cada uno, y ayúdanos a apoyarnos para que podamos cosechar los beneficios de aprender a comunicarnos mejor. Sé que el esfuerzo dará fruto, aunque ahora nuestras conversaciones a veces me dejen sintiéndome agotada.

Las palabras del justo animan a muchos, pero a los necios los destruye su falta de sentido común. PROVERBIOS 10:21

☼ Una oración acerca de los LÍMITES
Cuando complacer a la gente se convierte en un hábito

SEÑOR:

Me di cuenta de que, una vez más, estaba esforzándome para encajar en un molde que pensé que complacería a alguien más. Me di cuenta, pero no a tiempo. Reaccioné demasiado placenteramente, aunque sabía que mi reacción no reflejaba mi verdadero sentir, y ahora tengo ese nudo conocido en la boca del estómago. Lo cierto es que me encanta hacer feliz a la gente. Pero no puedo permitir que complacer a la gente de manera enfermiza llegue a ser rutinario. No quería decir que sí; quería mantener mi rumbo aunque obtuviera la desaprobación de alguien. ¿Cómo voy a criar hijos que piensen por sí solos si yo todavía mantengo límites tan frágiles y caigo en la trampa de complacer a la gente?

Si todavía no lo han hecho, con el tiempo mis hijos observarán esa nota de inseguridad en mí. Esa sensación de que «todos saben el secreto» hiere mi orgullo porque yo quiero ser totalmente segura, en tanto que actúo con afabilidad cuando alguien no está satisfecho con mis límites. Señor, estabilízame con tu misericordia, y confirma los límites que quieres que haga cumplir en mi vida.

Que sus conversaciones sean cordiales y agradables, a fin de que ustedes tengan la respuesta adecuada para cada persona.
COLOSENSES 4:6

☼ Una oración acerca del ORGULLO
Cuando necesito practicar un poco de humildad

DIOS:

Frecuentemente me veo tentada a vivir indirectamente a través de mis hijos. Los amo mucho; ¡son increíbles! Perdóname por hacer que mis hijos y sus logros sean algo que considero supremo, en lugar de tratarlos como buenos regalos de tu mano. Frecuentemente me veo tentada a compararlos con otros niños. Confieso que, a veces, juzgo a otros padres y a sus hijos, lo cual lleva a la santurronería.

Señor, enséñame humildad, sin importar lo que requiera. Quiero dejar el orgullo que siento por mis hijos y mi forma de criarlos, y considerar a otros como más importantes que mi familia y yo. Dios, reconozco que cada logro, cada don o habilidad que me has dado o les has dado a mis hijos, y cada momento de la crianza de mis hijos es un regalo de tu mano y es posible solamente por tu fortaleza. En lugar de envidiar a otras familias, ¿podrías darme la oportunidad de servirlas? En lugar de juzgar a otras familias, ¿podrías darme la oportunidad de mostrarles compasión y gracia? Dios, sinceramente te pido que esa evidencia de humildad comience a ser evidente en mi vida. Entonces tal vez comience a ser un reflejo de lo que tú eres.

El orgullo termina en humillación, mientras que la humildad trae honra. PROVERBIOS 29:23

❁ **Una oración acerca de las AMISTADES**
   Cuando no debo olvidar ser inclusiva

PRECIOSO PADRE:

Tú me has creado para la comunidad, y estoy muy agradecida por las amistades que llenan mi vida de amor y risa. Ayúdame a ser una buena amiga. Abre mis ojos a los que me rodean (tal vez a una nueva compañera de trabajo o a la madre que acabo de conocer en la escuela de mi hijo) que podrían estar solos y tener la necesidad de una amiga. Ayúdame a mostrar tu amor a los demás.

[Jesús dijo:] «Ustedes no me eligieron a mí, yo los elegí a ustedes. [...] Este es mi mandato: ámense unos a otros».
JUAN 15:16-17

DÍA 259 *Momento de oración*

❁ **Una oración acerca de la FELICIDAD**
   Cuando me siento insatisfecha

PADRE CELESTIAL:

Oír las risas de mis hijos cuando corren y juegan me hace recordar lo que es la felicidad. Gracias por darme un recordatorio tangible de tu gozo en mi vida. Ayúdame a tomar el tiempo para jugar y disfrutar la vida hoy. Que viva cada momento con un abandono dulce, recordando que mi vida está en tus manos.

¡Que los cielos se alegren, y la tierra se goce! Digan a todas las naciones: «¡El SEÑOR reina!». ¡Que el mar y todo lo que contiene exclamen sus alabanzas! ¡Que los campos y sus cultivos estallen de alegría! 1 CRÓNICAS 16:31-32

⚙ Una oración acerca de la RESISTENCIA
Cuando mis hijos enfrentan tentaciones

PADRE:

Mis emociones están confundidas ahora mismo. Sufro por mis hijos porque enfrentan algunas tentaciones grandes, y me siento ansiosa por ofrecer el apoyo que necesitan. Me preocupa que cedan a la presión y hagan cosas que más tarde les ocasionarán remordimientos. No quiero que lleven las cargas del remordimiento. Yo tengo algunas, y muy frecuentemente me he entristecido al preguntarme cómo habrías bendecido las decisiones correctas «si tan solo» las hubiera tomado. Aprendí algunas lecciones a golpes, y ¡cuánto quiero que ellos puedan evitar las consecuencias dolorosas!

Tú muestras tu amor de muchas maneras, Señor, y en tiempos como este me sorprende que tu amor nos fortalece para que soportemos más allá de lo que puede nuestra naturaleza pecadora. Por favor concede esa fortaleza especial a estos chicos míos tan preciosos. Aviva sus corazones y sus mentes para atender las advertencias de tu Espíritu. Muéstrales tu camino prometido en medio de la tentación, ayúdalos a elegir el camino sabio de la obediencia, y bendícelos con resistencia para permanecer en tu camino.

Las tentaciones que enfrentan en su vida no son distintas de las que otros atraviesan. Y Dios es fiel; no permitirá que la tentación sea mayor de lo que puedan soportar. Cuando sean tentados, él les mostrará una salida, para que puedan resistir. I CORINTIOS 10:13

✵ Una oración acerca de la AFIRMACIÓN
Cuando anhelo oír que valgo la pena

DIOS:

Tú eres Señor del universo y el autor de la salvación. ¿Cómo es posible que te fijes en mí? Isaías 43:1 dice que tú me hablas personalmente por nombre, y yo elijo creerte. Quiero saber que soy tuya. Estoy aquí y te escucho. A veces creo que mejoro al reconocer el silencio santo de tu Espíritu que le susurra al mío. Me encanta oír de ti, pero especialmente me encanta tu voz cuando me afirmas que te pertenezco. Tú me dices que escuche, y luego expresas tanto consuelo acerca de mi identidad en ti. No te diriges a mí con un «¡Oye, tú!». Más bien, me llamas por mi nombre, muy íntimamente. Tú mismo confirmas mi valor, y mi corazón necesita oír tu aprobación. Si nadie más la da, sé que tú sí lo haces. Gracias por las afirmaciones en tu Palabra que seguirán hablándoles a las generaciones futuras. Gracias por hacer el difícil trabajo de rescatarme; yo estaba perdida sin ti. Por favor sigue formándome como tuya.

Pero ahora, oh Jacob, escucha al SEÑOR, quien te creó. Oh Israel, el que te formó dice: «No tengas miedo, porque he pagado tu rescate; te he llamado por tu nombre; eres mío».
ISAÍAS 43:1

◌ **Una oración acerca de los REGALOS**
   Cuando no veo a mis hijos como los dones que son

PADRE:

Todo el día he oído los gritos de mis hijos: «¡Quiero esto!», «¡Lo necesito!», «¡Ayúdame con esto!», «¡No es justo!». Batallo para ver sus exclamaciones como bendiciones y no como una carga. Tú podrías darme muchas cosas, Padre, que podrían parecer buenas por un momento, tal como una buena comida afuera o las vacaciones que necesito, pero nada de eso llegaría a la altura del regalo de mis hijos. Ellos me han bendecido con su amabilidad y su paciencia conmigo como su madre. Me han hecho ver aspectos de tu carácter que había olvidado por mucho tiempo. Ellos caminan conmigo a diario en este viaje hacia la santificación y a conocerte. Me han enseñado las muchas facetas del amor incondicional y me han demostrado esta virtud en ocasiones innumerables, cuando no lo merecía.

Padre, perdóname por darlos por sentado y por fallar en no apreciar muchas de sus cualidades únicas. Por favor agranda mi corazón para que atesore y valore a mis hijos como los genuinos regalos tuyos que son.

Los hijos son un regalo del SEÑOR; son una recompensa de su parte. SALMO 127:3

⚙ **Una oración acerca de los ERRORES**
Cuando vuelvo a caer

SEÑOR:

Por mucho que deteste admitirlo, el fracaso es inevitable. Todos nos damos cuenta de que fracasamos en una u otra área, a veces a diario. Muy fácilmente puedo desperdiciar el tiempo regañándome por quedarme corta una vez más.

Pero entonces veo a mis hijos y los errores que ellos cometen. Tú me impulsas suavemente y me haces recordar que los errores son necesarios para el crecimiento. Olvidar usar bloqueador solar y lidiar con la quemadura resultante, decidir esperar hasta la noche antes de escribir un ensayo final de diez páginas, o usar una camiseta y pantalones cortos cuando la temperatura afuera está a dos grados bajo cero... cada una de esas es una decisión que puede ocasionar consecuencias difíciles, pero puede enseñar una lección. Ayúdame no solo a darles a mis hijos la libertad de cometer errores, sino también de ofrecerles gracia cuando caen. Después de todo, eso es lo que tú haces por mí.

Los justos podrán tropezar siete veces, pero volverán a levantarse. En cambio, basta una sola calamidad para derribar al perverso. PROVERBIOS 24:16

☼ Una oración acerca de RENUNCIAR
Cuando quiero retirarme de la vida

PADRE:

¿Adónde voy a presentar mi carta de renuncia? Estoy tan frustrada que todos mis trabajos parecen interminables. Siquiera una vez, me encantaría verdaderamente completar una tarea de principio a fin. Señor, quiero correr a esconderme de todos y de todo lo que abarrota mi vida. Pero ¿a dónde puedo ir? No importa cuán lejos trate de huir, nunca puedo escapar de tu mirada. Afortunadamente, nunca estoy lejos de tu Espíritu. Y no puedo escapar nunca de tu presencia. Aunque hoy me sienta atrapada y arrinconada en este llamado, sé que tu rescate y tu renovación de mi corazón siempre están cerca.

Padre, perdóname porque lo único que pude ver hoy fueron las cargas y no las bendiciones. Mi esposo, mis hijos y mi hogar verdaderamente son regalos de tu mano. Señor, por favor concédeme perseverancia para permanecer comprometida a la vida a la que me has llamado a vivir.

¡Jamás podría escaparme de tu Espíritu! ¡Jamás podría huir de tu presencia! SALMO 139:7

❋ **Una oración acerca de las EXCUSAS**
Cuando mi corazón y mis oídos están llenos de ellas

SEÑOR:

Tú sabes cuándo doy excusas, así como yo sé cuándo mis
hijos lo hacen. Algunas veces todavía trato de disimular
mi responsabilidad como si fuera alguna clase de víctima,
aunque el gusano del engaño me da asco. Por favor, ayúdame a encarnar la verdad incondicional.

*Quedará demostrado que tienes razón en lo que dices y que
tu juicio contra mí es justo. [...] Tú deseas honradez desde el
vientre y aun allí me enseñas sabiduría.* SALMO 51:4, 6

DÍA 266 *Momento de oración*

❋ **Una oración acerca de los HIJOS**
Cuando necesito confiar como ellos lo hacen

PADRE DIOS:

Gracias por mis hijos, que me hacen recordar cada día la fe
sencilla que suelta y descansa. Mis hijos son muy buenos
para tomarte la Palabra. Tú lo dijiste, y ellos lo creen. Eso
les da seguridad a sus corazones. Ayúdame a confiar como
ellos lo hacen, sin que importen las incertidumbres que
este día depare.

*Entonces dijo [Jesús]: «Les digo la verdad, a menos que
se aparten de sus pecados y se vuelvan como niños, nunca
entrarán en el reino del cielo».* MATEO 18:3

⚙ **Una oración acerca de la FATIGA**
  Cuando me veo tentada a renunciar

PADRE CELESTIAL:

Caigo en la cama agotada y exhausta. Hoy fue un maratón en la aventura de criar hijos, lleno de muchos desafíos imprevistos. Siento como si hubiera gastado mi último recurso de energía emocional, física y espiritual. Desesperadamente necesito que me vuelvas a llenar de tu fortaleza. Mientras permanezco quieta aquí esta noche, recuerdo que en este punto está la llave para el reabastecimiento: quedarme quieta, dejar de afanarme y recordar que solo tú eres Dios.

Cuando recuerdo tu carácter y tu amor por mí, mi llamado se renueva. Tú permaneces fiel sobre toda la creación. Nunca te debilitas ni te agotas. Nunca quieres renunciar ni retirarte como yo. Durante estas pocas y cortas horas de sueño, por favor reabastece mi corazón con tu amor y tu poder para que sea la madre que tú me llamas a ser. Y si por tu gracia despierto en la mañana, ayúdame a descansar en tus provisiones de cada minuto, en lugar de buscar ser autosuficiente.

¿Acaso nunca han oído? ¿Nunca han entendido? El Señor es el Dios eterno, el Creador de toda la tierra. Él nunca se debilita ni se cansa; nadie puede medir la profundidad de su entendimiento. ISAÍAS 40:28

✸ Una oración acerca de la EMPATÍA
Cuando necesito equilibrar la compasión con la motivación

DIOS:

Cuando hablo con mis hijos de la regla de oro, generalmente es con referencia a tratar a los demás de manera amable. Pero el principio de hacer con los demás lo que nos gustaría que ellos hicieran con nosotros también se aplica a motivarlos cuando necesitan un estímulo. Por favor, dame sabiduría para identificarme con la forma en que se sienten mis hijos, así como sabiduría para saber cuándo necesitan un impulso para sacarlos de la autocompasión. Cuando se regodeen en el abatimiento, dame tacto para decir la verdad, incluso cuando al principio parezca que soy poco comprensiva.

He estado en el lado receptor de esa clase de amor en acción, y aunque las palabras realistas de alguien no me dieron el lujo de deprimirme, aprecié que se me tratara con sinceridad. También crecí para verme más fuerte de lo que creía. Yo también quiero darle a mi familia esa sinceridad amable. De vez en cuando, todos necesitamos el regalo de la esperanza que está más allá de una desilusión presente. Gracias, Señor, por no vernos como víctimas, sino como vencedores en ti. Estoy agradecida porque tú te identificas con mis sentimientos, y al mismo tiempo me inspiras a ir más allá de ellos.

Haz a los demás todo lo que quieras que te hagan a ti.
MATEO 7:12

☼ Una oración acerca del EGOÍSMO
Cuando necesito poner las necesidades de mi esposo antes que las mías

SEÑOR:

«Una esperanza, una visión». Esa era en realidad nuestra perspectiva cuando mi esposo y yo acabábamos de casarnos. Pero la dulce unidad que alguna vez disfrutamos ahora ha sido erosionada por la división y la discordia. Hoy parece que nuestro hogar y matrimonio están divididos. Generalmente, yo quiero seguir mi propio camino y me rehúso a ver los méritos de su camino. Mis necesidades parecen ser supremas y triunfan sobre todas las otras demandas.

Señor, perdona mi corazón egoísta. Ayúdame a hacer a un lado mi comportamiento infantil y reemplaza mis deseos egoístas por deseos centrados en los demás. Concédeme mansedumbre y humildad al tratar con mi esposo. Dame oportunidades de poner sus necesidades antes que las mías esta semana. Enséñame las palabras correctas para comunicar que él es valioso y el amor de mi vida. Querido Señor, tú me comunicaste tu amor al poner mis necesidades antes que tu propia comodidad cuando fuiste a la cruz. Tu muerte en mi lugar me motiva a morir a mis planes egoístas. Dame pasión para amar a mi esposo de una manera incondicional y desinteresada.

No sean egoístas; no traten de impresionar a nadie. Sean humildes, es decir, considerando a los demás como mejores que ustedes. FILIPENSES 2:3

☼ Una oración acerca de la CRISIS
Cuando temo la próxima conmoción

DIOS:

Tenerle miedo al futuro no es una buena manera de vivir, pero últimamente esa ha sido la norma para mí. Una o dos crisis me tienen en un estado de alerta total para la próxima tormenta. Si solamente pudiera relajarme verdaderamente. Si solamente pudiera tener un descanso. Señor, no quiero ser impulsada por el miedo, pero no puedo ver el futuro. No puedo saber cómo prepararme para los problemas que no puedo ver que vienen. Aun así, quiero vivir con la paz que surge al creer que tú nos proteges en los buenos tiempos y en los malos.

Sin embargo, mi visión limitada puede ser una vista espiritual de veinte-veinte desde tu perspectiva, porque puede afinar los ojos de mi fe en ti. Puede hacerme girar hacia ti para buscar guía. Puede mantenerme buscando tu Espíritu para que me prepare continuamente. Por favor prepárame exactamente como sabes que lo necesitaré para hoy y mañana también. Trabaja tras bambalinas para proveer lo que mi familia y yo necesitaremos cuando vengan los problemas. Permite que mi seguridad en ti bendiga a otros cuando ellos enfrenten crisis, e inspira a mis hijos a vivir con fe. Tranquilízame contigo mismo, para que yo pueda tranquilizar a otros.

[Jesús] les contestó: «Solo el Padre tiene la autoridad para fijar esas fechas y tiempos, y a ustedes no les corresponde saberlo; pero recibirán poder cuando el Espíritu Santo desciendа sobre ustedes». HECHOS 1:7-8

☼ Una oración acerca de las PRIORIDADES
Cuando necesito aprender a decir no

PADRE:

Al examinar mi teléfono inteligente, me convenzo de mi fracaso para decir no. Mi calendario está lleno a rebosar de muchas actividades e intereses buenos, pero no de muchas oportunidades estratégicas. Mi correo electrónico me indica que responda a las peticiones continuas de mi tiempo, mi esfuerzo y mi energía. Mi correo de voz me hace recordar las llamadas que no he atendido y las relaciones que necesitan un poco de atención. Mi billetera y mis recibos son otro asunto, totalmente. Tengo evidencias de compras hechas por un capricho, con escasa o ninguna reflexión en nuestro presupuesto familiar.

Admito, Padre, que el temor es la raíz de muchas de estas decisiones malas. Temo decepcionar a otros. Temo lo que le hará a mi reputación de persona capaz decir no. Temo que el cese de mis actividades y el sentarme en silencio pueda hacer que tenga que examinar mi propio corazón. Además del temor, pienso que también está allí un elemento de mala interpretación. Mi confusión está en el hecho de que prácticamente vivo como si las muchas prioridades de mi vida compitieran unas con otras. Gracias, Padre, por mostrarme en medio del ajetreo hoy que no tengo muchas prioridades sino solamente una. Tú eres mi prioridad singular, y todo lo demás fluye al mantener esa prioridad como superior.

Tengan cuidado de cómo viven. No vivan como necios sino como sabios. EFESIOS 5:15

⚙ **Una oración acerca de los CHISMES**
   Cuando necesito recordar cerrar la boca

PADRE AMOROSO:

Últimamente he observado que cuando hablo con otras madres es demasiado fácil verme inmersa en los chismes mezquinos. Me gusta estar incluida en las vidas e intereses de mis amigas, pero eso puede causarme problemas. Ayúdame a discernir cuándo salir y no meterme en las cosas ajenas. Hazme recordar que todo lo que sale de mi boca debe edificar a otros y no destruirlos.

Procuremos que haya armonía en la iglesia y tratemos de edificarnos unos a otros. ROMANOS 14:19

DÍA 273 *Momento de oración*

⚙ **Una oración acerca de la FE**
   Cuando necesito que impulses mi confianza

PADRE:

Al considerar lo que tengo por delante, me pongo nerviosa. No estoy segura de que mi fe sea siquiera tan grande como una semilla de mostaza. Aun así, ¿irás conmigo, a ese lugar estéril? Gracias porque no tengo que tenerlo todo perfecto para obtener tu atención. Te doy lo que tengo. Por favor hazme crecer desde aquí.

El Señor respondió: «Si tuvieran fe, aunque fuera tan pequeña como una semilla de mostaza, podrían decirle a este árbol de moras: "Desarráigate y plántate en el mar", ¡y les obedecería!». LUCAS 17:6

✦ Una oración acerca de la TRANSFORMACIÓN
Cuando necesito cambiar mi perspectiva

DIOS:

Estoy confundida y abrumada por la inmensidad de la tarea de criar a mis hijos. Parece especialmente intimidante porque no encajo en el papel de una madre tradicional al seguir una carrera fuera de casa. Siento que las presiones del mundo me dictan ciertas normas de cómo debe ser una madre y cómo debe actuar. A veces me siento celosa, y anhelo la aprobación de otras que trabajan desde el hogar. Señor, necesito sabiduría y discernimiento para seguir tu voluntad prescrita para mi vida.

Por favor dame valor para dejar atrás el molde superficial. Muéstrame las áreas en las que busco complacer a los demás más que a ti. Quiero hacer a un lado las máscaras que uso para impresionar a los demás. Necesito algo superior a un arreglo rápido. Transforma mi corazón para que quede alineado con el tuyo. Deseo parecerme más a ti que a lo que percibo que el mundo cree que debo ser. Quiero pensar tus pensamientos hoy en cuanto a este llamado supremo y santo: la maternidad.

No imiten las conductas ni las costumbres de este mundo, más bien dejen que Dios los transforme en personas nuevas al cambiarles la manera de pensar. Entonces aprenderán a conocer la voluntad de Dios para ustedes, la cual es buena, agradable y perfecta. ROMANOS 12:2

⚜ Una oración acerca de la IRA
Cuando tengo que hacerle frente al enojo de alguien

PADRE:

Alguien atacó verbalmente a mi hijo. Las palabras airadas y crueles derritieron su joven rostro; vergüenza y dolor ensombrecieron sus ojos; y sé que se preguntaba: *¿En realidad merecía eso?* Esa no fue la primera vez que alguien le demuestra ira a mi descendencia. A veces no tengo problemas en hablar claramente para defender a mi hijo. Él necesita saber que yo no voy a tolerar que alguien lo trate mal.

Sin embargo, a veces mi respuesta se queda en mi boca y me cuesta saber qué decir. Como ves, Señor, la ira de otra persona también puede ser intimidante para mí. Cuando esa persona tiene influencia en mi propia vida, me tropiezo en mis convicciones y me pregunto cuán fuertemente debo hablar, o si mejor no digo nada debido a la potencial reacción. Me avergüenza admitir que ha habido veces en las que no me hice valer lo suficiente por mi hijos o por mí misma. Necesito valor para enfrentar a los acosadores, tanto como mis hijos lo necesitan. Por favor dame una valentía sabia y un tacto seguro para hacerles ver a mis hijos que valen la pena ser defendidos. Por favor ayúdame a ser confiable como un lugar de seguridad y justicia para ellos.

El que pierde los estribos con facilidad provoca peleas; el que se mantiene sereno, las detiene. [...] ¡Es hermoso decir lo correcto en el momento oportuno! PROVERBIOS 15:18, 23

☼ Una oración acerca de la GENEROSIDAD
Cuando necesito examinar mi espíritu

PADRE CELESTIAL:

Al ser madre, siento que todo el tiempo doy y doy.
Derramo mi tiempo, mi energía, mi amor y mi servicio
una y otra vez cada día. Hago esto porque amo a mi familia, pero muchas veces me doy cuenta de que estoy llena
de resentimiento. Caigo en la trampa de sentir que no es
justo que yo sacrifique tanto de mí misma cuando parece
que recibo tan poco a cambio. Necesito que me recuerdes
que esto no es cierto. Es una mentira que Satanás quiere
que yo crea.

Ayúdame a recordar que verdaderamente soy bendecida. Expande mi corazón para que dé generosamente a
todos tus hijos, sin esperar reciprocidad. Hazme recordar
las formas incontables en las que has provisto para mí hoy,
y dame tu paz.

*[Jesús dijo:] «Si le dan siquiera un vaso de agua fresca a uno
de mis seguidores más insignificantes, les aseguro que recibirán una recompensa».* MATEO 10:42

⚙ **Una oración acerca de la RENDICIÓN**
Cuando mis lealtades están divididas

PADRE CELESTIAL:

Confieso que te he ocultado partes de mi vida. Muy fácilmente puedo caer en el pensamiento equivocado cuando examino cómo se relacionan mi fe y mi vida. Aunque sé que toda la vida debe considerarse como sagrada, frecuentemente exhibo muchas actitudes seculares.

Pero hoy es un nuevo inicio y una oportunidad de examinar mi corazón ante ti. A medida que hago inventario, me arrepiento de todo lo que no es una rendición total. Te ofrezco todo mi cuerpo, toda mi mente y mi alma, Señor. Aquí tienes mis manos para servirte a ti y a los demás. Te entrego mis pies para que busquen caminar en tus caminos. Te ofrezco mis ojos y te pido que cambies mi perspectiva para que encaje con la tuya. Y, Padre, mi mente te pertenece. Por favor alinea mis pensamientos de acuerdo con tu Palabra y tu sabiduría. Te entrego *todo* mi corazón esta vez, Señor. Conforma mi afecto para que refleje los deseos de tu corazón y ayúdame a vivir una vida de rendición total a tu voluntad.

Amados hermanos, les ruego que entreguen su cuerpo a Dios por todo lo que él ha hecho a favor de ustedes. Que sea un sacrificio vivo y santo, la clase de sacrificio que a él le agrada. Esa es la verdadera forma de adorarlo.
ROMANOS 12:1

※ Una oración acerca del RECONOCIMIENTO
Cuando olvido agradecerte

DIOS:

Se dice que las cosas pequeñas son las cosas grandes, y en ninguna parte eso puede ser más cierto que cuando se trata de sentirse apreciado. Algunos días parece que mi papel de madre se da por sentado. Si tan solo mis hijos supieran cuán frecuentemente pienso en ellos a lo largo de cada día. Si tan solo mi familia pensara más frecuentemente en las formas pequeñas en las que mantengo nuestra casa sobre la marcha. Si tan solo… Dios, ¿puedes ver que no me siento muy apreciada últimamente? Pero mientras me quejo por mi existencia infravalorada, tú detienes mis quejas y aclaras que la mala costumbre podría no ser solo de parte de mi familia. Así que, Señor, he aquí unas cuantas razones por las que *yo* te valoro a *ti* y a esta vida con la que me has bendecido:

1. Mi familia preciosa y a veces frustrante, que me bendice y me desafía
2. Tu constancia de muchas maneras que me hace seguir adelante, y que tan frecuentemente paso por alto
3. Tus lecciones amables que me ayudan a crecer

Por estas y por muchas más, Señor, yo te agradezco.

Que el SEÑOR te bendiga y te proteja. Que el SEÑOR sonría sobre ti y sea compasivo contigo. Que el SEÑOR te muestre su favor y te dé su paz. NÚMEROS 6:24-26

⚜ **Una oración acerca de la REVERENCIA**
Cuando necesito maravillarme

PADRE DIOS:

Parece que mi rutina diaria me deja insensible a tu presencia. Pero ¿cómo puedo ser tan indiferente y tan insensible a tus obras? Cuando veo el cielo manchado de rojo y naranja, o cuando veo a las aves que vuelan hacia el comedero, tengo que detenerme por un momento para maravillarme de la obra de tus manos. Muy frecuentemente mi corazón está adormecido al esplendor de tus obras maravillosas. Cambia mi corazón y despierta mi espíritu para que me maraville de lo que tú eres, y después dé gritos de alegría.

Los que viven en los extremos de la tierra quedan asombrados ante tus maravillas. Desde donde sale el sol hasta donde se pone, tú inspiras gritos de alegría. SALMO 65:8

DÍA 280 *Momento de oración*

⚜ **Una oración acerca del REMORDIMIENTO**
Cuando temo cometer errores de larga duración

DIOS:

Cuando mi hijo haya crecido, no quiero mirar atrás y tener remordimientos por la forma en la que lo crié. Necesito tu sabiduría hoy en mis decisiones al criarlo. Quiero descubrir tu voluntad en mi vida y enseñarle a mi hijo a que te siga también. Sé que tú tienes buenos planes para nuestras vidas y yo confío en ti.

Que el mensaje de Cristo, con toda su riqueza, llene sus vidas. Enséñense y aconséjense unos a otros con toda la sabiduría que él da. COLOSENSES 3:16

☼ Una oración acerca de las HERIDAS
Cuando tengo que lidiar con mi pasado

SEÑOR:

He pasado por algunas experiencias dolorosas, cada una de las cuales me ha dejado una cicatriz en el corazón y podría afectar la forma en la que crío a mi hija. No quiero transmitirle las heridas de mi pasado a mi propia hija. Quiero ser capaz de reconocer las heridas, aprender de ellas lo que pueda y luego dejarlas en el pasado. Pero a veces es más fácil decirlo que hacerlo. Es mucho más cómodo esconder el dolor y evitar lidiar con las consecuencias que surgen al enfrentar mis problemas.

Ayúdame a encontrar valor para enfrentar mi pasado. Camina conmigo mientras sano y llego a ser una madre más plena. A medida que identifico las áreas en las que he sido herida, ayúdame a entregártelas. Ayúdame a enseñarle a mi hija cómo amarte y confiarte su vida, y ayúdame a dejarle un legado de esperanza.

Elige hoy mismo a quién servirás. [...] En cuanto a mí y a mi familia, nosotros serviremos al SEÑOR. JOSUÉ 24:15

⚙ Una oración acerca de los TRASLADOS
Cuando le tengo miedo al cambio

SEÑOR JESÚS:

Al prepararnos para una nueva aventura, me siento tanto emocionada como ansiosa. Trasladarse a un lugar nuevo requiere buscar un lugar nuevo adonde encajar. Quiero que mis hijos se sientan seguros y a salvo en medio de la agitación. Pero eso no es algo que yo pueda controlar. Gracias por prometer estar siempre con nosotros, independientemente de dónde vivamos. Tú vas adelante de nosotros y nos preparas un lugar. Tú sabes exactamente cómo encajaremos en este nuevo capítulo de la vida, y caminarás con nosotros en cada paso del camino. Ayúdame a confiar en ti y a permitir que tú calmes mis temores. Ayuda a mis hijos a ajustarse rápidamente y a prosperar en su nuevo ambiente. Ayúdame a entrar confiadamente contigo a esta nueva etapa de la vida. Guíanos por el camino correcto para que podamos estar cada vez más cerca de ti.

Conoces mis pensamientos aun cuando me encuentro lejos. Me ves cuando viajo y cuando descanso en casa. Sabes todo lo que hago. Sabes lo que voy a decir incluso antes de que lo diga, SEÑOR. Vas delante y detrás de mí. Pones tu mano de bendición sobre mi cabeza. Semejante conocimiento es demasiado maravilloso para mí, ¡es tan elevado que no puedo entenderlo! ¡Jamás podría escaparme de tu Espíritu! ¡Jamás podría huir de tu presencia! SALMO 139:2-7

❋ Una oración acerca de la AMARGURA
Cuando siento que crece la semilla del resentimiento

SEÑOR:

Necesito tu cirugía del corazón. Este sentimiento negativo que he tenido no se va. De hecho, crece en lugar de
desaparecer, y estoy cansada de sentirme resentida. Se está
convirtiendo en franca amargura, y eso me asusta. No
quiero quedar envenenada por un espíritu enfermizo, y
tampoco quiero que eso corrompa a mi familia. Pero Señor,
este problema obviamente es demasiado grande para que
yo lo corrija por mi cuenta; o no sería un inconveniente.
Estoy lista para que tú hagas lo que se necesita para sanar
y re-crearme por dentro y por fuera. Por favor afloja cualquier control que todavía tenga en este rencor. Ayúdame
a soltarlo y a avanzar más allá, al perdón y la paz que tú
ofreces. De hecho, Dios, por favor haz tal obra en mí que
otros se inspiren a entregarte sus corazones también.

Gracias por la plenitud que sé que obras en mí incluso
ahora. También confío en que tú me sostendrás a través de
la limpieza de mi corazón. Es posible que duela un poco,
pero yo seré más fuerte y más semejante a ti debido a ello.

Cuídense unos a otros, para que ninguno de ustedes deje de
recibir la gracia de Dios. Tengan cuidado de que no brote
ninguna raíz venenosa de amargura, la cual los trastorne a
ustedes y envenene a muchos. HEBREOS 12:15

❀ Una oración acerca del TIEMPO DE DIOS
Cuando me siento impaciente con su plan

SEÑOR:

Tú sabes que me pongo impaciente y frustrada mientras espero saber si mi esposo va a conseguir un trabajo nuevo. Hemos tratado de orar a diario por esta gran decisión. Dios, tú lo sabes todo y eres misericordioso, pero a veces recibir tu respuesta de «espera en mí» puede ser difícil. Algunos días permito que el temor entre sigilosamente, ya que este potencial cambio de trabajo tendrá un gran impacto en nuestra familia. Por favor ayúdame a descansar firmemente en tu voluntad para nosotros. Tú tienes nuestro presente y nuestro futuro en tus manos.

Te pido que tranquilices mi corazón y me des fortaleza para esperar y ver si tú abrirás o cerrarás la puerta. Yo sé que tanto la ansiedad como la fe son contagiosas. Ayúdame a modelar la confianza firme a mi familia, recordándoles tu cuidado constante. Señor, tu tiempo es perfecto y tus planes son impecables. Esperamos con expectación tu buena dirección.

Queridos amigos, hay algo que no deben olvidar: para el Señor, un día es como mil años y mil años son como un día.
2 PEDRO 3:8

☀ Una oración acerca de las FINANZAS
Cuando necesito cambiar mi enfoque

SEÑOR DIOS:

El dinero está escaso ahora, por lo que me encuentro pensando en eso más de lo que debería. Me preocupo por no tener suficiente y me veo tentada a ir tras esa seguridad elusiva que siempre está fuera de alcance. Quisiera poder vivir la vida sin dinero, pero es imposible. Por lo tanto, hasta que llegue al cielo, tendré que encontrar una manera saludable de lidiar con el dinero sin dejar que eso me controle.

Tú has prometido cuidar de mis necesidades si simplemente te entrego mis preocupaciones. Quiero confiar en ti completamente, así que, por favor ayúdame a soltar mi miedo de que no me cuidarás. Ayúdame a confiar en ti con mis recursos y permitirte guiar mis decisiones en cuanto a cómo debo usar mi dinero. Ayúdame a adorarte y a encontrar mi seguridad solamente en ti.

Este mismo Dios quien me cuida suplirá todo lo que necesiten, de las gloriosas riquezas que nos ha dado por medio de Cristo Jesús. FILIPENSES 4:19

☼ Una oración acerca de la FIDELIDAD
Cuando te alabo por sostener el futuro de mis hijos

SEÑOR:

Tú prometes ser fiel. Ayuda a mis hijos a comprender que tu fidelidad también es específicamente para ellos. Tú los amas aún más que yo, y confío en que tú obrarás en ellos según sea necesario. Ablanda sus corazones hacia ti y ayúdalos a desearte a ti por encima de todo lo demás.

«Yo seré su Dios durante toda su vida; hasta que tengan canas por la edad. Yo los hice y cuidaré de ustedes; yo los sostendré y los salvaré». ISAÍAS 46:4

DÍA 287 *Momento de oración*

☼ Una oración acerca de la FORTALEZA
Cuando estoy agotada y exhausta

PADRE:

Estoy exhausta espiritual y físicamente. He agotado todos mis recursos humanos. Aquí es exactamente adonde tú me has guiado, a depender de ti totalmente. Tú eres mi fuente de fortaleza. Solo tú me darás el poder y la perseverancia para hacer todo lo que me has llamado a hacer hoy. Gracias, Señor.

Todo lo puedo hacer por medio de Cristo, quien me da las fuerzas. FILIPENSES 4:13

☼ Una oración acerca de la LIBERTAD
Cuando necesito dejar de intentar ser perfecta

SEÑOR:

La vida es mucho más fácil con una lista de reglas. Una lista de cosas pendientes en blanco y negro me permite evaluarme. Por supuesto, cuando me quedo corta, me doy de golpes. Tú me has invitado a vivir una vida libre de reglas, una vida que se trata de una relación en lugar de vivir de acuerdo con un estándar imposible. Suena muy fácil, pero ha comprobado ser muy difícil ponerlo en práctica.

Enséñame a dejar de marcar las listas de los «deberes» y las «prohibiciones» y a enfocarme en vivir una vida que te agrade a ti. Ayúdame a entender cómo es la verdadera libertad y a buscar seguir tu voluntad a diario. Gracias por darme la opción de seguirte todos los días y por acreditar la justicia y la santidad de Cristo a mi cuenta.

Jesús le dijo a la gente que creyó en él: «Ustedes son verdaderamente mis discípulos si se mantienen fieles a mis enseñanzas; y conocerán la verdad, y la verdad los hará libres». JUAN 8:31-32

☼ Una oración acerca del DIVORCIO
Cuando mis hijos batallan para encontrar su camino a través de él

PADRE:

Suena trillado desde un nivel humano, pero cuando todo lo demás falla y las relaciones se desmoronan, tu amor en realidad es la respuesta. Hay mucho involucrado en ese amor sanador; no es simplemente una emoción ligera, de peluche, que se precipita para cubrir nuestro rostro con una sonrisa. Tu amor es el único amor verdadero, y contamos con él incluso ahora. Aunque no es a tu manera, y definitivamente no era el plan en la boda, a veces ocurre el divorcio. Muy frecuentemente, en realidad. Y simplemente lastima y lastima aún más. Incluso cuando no hay otra manera segura de funcionar y el divorcio parece inevitable, todavía es doloroso, porque tú nos creaste para la unidad.

Dios, tú debes entristecerte, especialmente por los pequeños que trastabillan a través de la demolición de una familia. Ellos ya son vulnerables y se sienten atrapados en medio, y luego, agregar esto a sus presiones... ¿Cuándo acabará la angustia y cuándo tomará posesión el verdadero amor? Por favor, Señor, inúndanos con tu amor unificador. Tu amor es lo que sanará nuestros corazones y nuestras vidas, aun cuando no volvamos a vivir juntos otra vez. Únenos con un espíritu de perdón, para que podamos experimentar lo que el amor sanador puede hacer.

Sobre todo, vístanse de amor, lo cual nos une a todos en perfecta armonía. COLOSENSES 3:14

☀ **Una oración acerca de la SENSIBILIDAD**
  Cuando me convierto en juez de los demás

PADRE:

Confieso que soy demasiado rápida para juzgar las decisiones y las elecciones de otras personas. A veces el asunto es cómo ellos deciden disciplinar a sus hijos. Otras veces, se trata de lo que ellos permiten que sus hijos vean u oigan. Esto se pone complicado y especialmente desafiante cuando nuestros hijos son compañeros de juego.

Por favor ayúdame, Señor, a creer lo mejor de las motivaciones e intenciones de los demás padres. Yo sé que en muchas áreas las Escrituras no prohíben claramente ciertos comportamientos. Ayúdame a no agregar ni una palabra a tu santa Palabra. Cuando tú permites libertad, te pido que realmente experimente libertad. Padre, admito que en algunas de mis relaciones puedo ser descortés con mis palabras y acciones. Te pido reconciliación en esos tiempos de ofensa. Por favor dame arrepentimiento cuando me haya convertido en juez para otros. Permíteme demostrar consideración y gracia a los otros padres en mi vida.

Los que somos fuertes debemos tener consideración de los que son sensibles a este tipo de cosas. No debemos agradarnos solamente a nosotros mismos. ROMANOS 15:1

⚙ Una oración acerca de la SEGURIDAD EN SÍ MISMO
Cuando veo la inseguridad de mi hijo

JESÚS:

¡Cuánto duele esta parte de la crianza de los hijos! Cuando la inseguridad estalla y mi hijo batalla para sentirse lo suficientemente bueno, me duele el corazón. Entiendo la inseguridad; he estado allí. Y si la confianza inestable no fuera lo suficientemente dolorosa, también hay vergüenza y frustración por esconder esa sensibilidad. La gente insegura frecuentemente es pisoteada en nuestra sociedad contundente que se enfoca en siempre llegar primero.

Pero, Jesús, tú nunca nos has pedido que demostremos lo que valemos. Tú no defines el valor o la fortaleza como frecuentemente lo hace el resto de nosotros. Más bien, tú caminaste en esta tierra, nos demostraste cómo es la confianza firme y dónde está su fuente de fortaleza. Tú, Jesús, eres el ayudador de mi hijo. Me siento muy aliviada por ese hecho. Por favor hazle ver que está bien porque es tuyo. Por favor, dale victorias tempranas y constantes al decidir encontrar su valor en ti, en tanto que cierra sus ojos y oídos a los mensajes confusos que el mundo envía acerca de él. El mundo no busca lo mejor para él, pero tú sí. Gracias por amarlo tanto, Señor. Por favor llénalo de confianza por lo que él es en ti.

Podemos decir con toda confianza: «El SEÑOR es quien me ayuda, por tanto, no temeré. ¿Qué me puede hacer un simple mortal?». HEBREOS 13:6

☼ **Una oración acerca de los PENSAMIENTOS**
*Cuando quiero alinear mis pensamientos con la
Palabra de Dios*

DIOS:

Como madre, tengo muchas metas y muchos propósitos
para mis hijos. La meta con la que más me he apasionado
por muchos años es ayudarlos a pensar bíblicamente en
cuanto a la vida. Tus pensamientos son preciosos, y nosotros anhelamos como familia reflejarlos a otros. Tú eres
nuestro Rey quien gobierna y reina sobre toda la creación.
Cada centímetro de todo el mundo te pertenece a ti.

Capacita a mi hija para que piense bíblicamente en
cuanto a las artes. Por favor enséñale a mi hijo a solucionar problemas para tu gloria. Satura nuestro caminar
diario de tu Palabra. Disciplina nuestras mentes para que
apresemos cada pensamiento y lo examinemos para ver en
qué no se alinea con lo que a ti te agrada. Alinea nuestra
forma de pensar con tu verdad. Ayúdanos a renunciar a
las ideas mundanas y a examinar las cosmovisiones impías
que han contaminado nuestras creencias. Queremos que
nuestra vida te glorifique de manera individual y colectiva,
como familia. Nos arrepentimos de nuestros caminos falsos. Reemplaza nuestras dudas con la belleza de tu verdad.
Reemplaza nuestras ideas que no son beneficiosas con la
pasión por tu verdad.

*Que todos mis pensamientos le agraden, porque me alegro en
el SEÑOR.* SALMO 104:34

☼ **Una oración acerca de la PERSPECTIVA**
Cuando necesito un recordatorio de la forma en que Dios me ve

PADRE CELESTIAL:

Hoy me deleito en el hecho de que soy tu hija, tu hija preciosa. Tú me has elegido como tuya. Moriste por mis pecados y me invitaste a vivir la vida contigo. Gracias por amarme. Permíteme vivir hoy con la alegría que surge de saber que soy tuya para siempre.

Escúchame, oh hija de la realeza; toma en serio lo que te digo: olvídate de tu pueblo y de tu familia, que están lejos. Pues tu esposo, el rey, se deleita en tu belleza; hónralo, porque él es tu señor. SALMO 45:10-11

☼ **Una oración acerca de la DISPONIBILIDAD**
Cuando tengo que quedar a la espera

SEÑOR:

Practicar la disponibilidad tranquila es un arte, especialmente para una madre. Mis instintos dicen: *Involúcrate, dales tu opinión. Yo soy la madre; ellos necesitan mi consejo.* Pero tú me tranquilizas con el recordatorio de que a medida que mis hijos crecen, tienen que tener más responsabilidad y encargarse más de tomar sus propias decisiones. No sería saludable que ellos me necesitaran siempre. Ayúdame a permanecer calmadamente disponible hasta que ellos pidan mi colaboración. Gracias por tu ejemplo de ese arte.

Deben ser rápidos para escuchar, lentos para hablar.
SANTIAGO 1:19

☼ Una oración acerca de los DESAFÍOS
Cuando tengo ganas de rendirme

SEÑOR:

Típicamente, no soy de las personas que ceden ante la presión. De hecho, me enorgullezco de amoldarme a las situaciones, de mi habilidad de seguir adelante. Pero esta vez me pregunto cómo seguiré enfrentando este desafío. Estoy más que agotada; llegué al agotamiento hace varias temporadas, pero todavía me encuentro aquí, desesperada para que tú cambies algo.

¿Podrías, por favor, hacer por mí lo que dice el Salmo 28:7? Sé mi fortaleza y mi escudo. Ayúdame a confiar en ti con *todo* mi corazón, particularmente con la parte de él que se siente complacida al dudar de ti. Necesito tu ayuda ahora; necesito la alegría que surge de saber que estás conmigo en medio de esto, que tienes más para mí, más allá de esto. Una vez más, he aquí mi sacrificio de agradecimiento en una época que amenaza hacer que me rinda. Hoy la gratitud, de hecho, se siente difícil. Pero tú la mereces, y confío en que tú me ayudarás a desear los dones más profundos que ofreces cuando ponga mi última fortaleza ante tu trono. Gracias, de nuevo, Padre, por no darte por vencido conmigo.

El SEÑOR es mi fortaleza y mi escudo; confío en él con todo mi corazón. Me da su ayuda y mi corazón se llena de alegría; prorrumpo en canciones de acción de gracias. SALMO 28:7

☀ Una oración acerca del CONTROL

Cuando me doy cuenta de que insisto demasiado

PADRE:

Tengo tantos sueños para mis hijos. Tener esperanzas para el futuro no es malo, pero llega a ser perjudicial si les impongo mis deseos a mis hijos en lugar de permitir que ellos lleguen a ser personas independientes.

Ayúdame a moderar mi tendencia de tratar de controlar las vidas de mis hijos. Enséñame a sostenerlos con las manos abiertas. Te entrego su futuro y te pido que los hagas adultos saludables y felices. Ayúdame a descubrir y a nutrir los talentos y los dones que les has dado para que puedan usarlos para tus propósitos. Enséñame a inspirar a mis hijos para que sean lo mejor que puedan ser sin insistir en que sean algo que yo quiero que sean. Hazme recordar que tú tienes su futuro en tus manos.

Confía en el SEÑOR con todo tu corazón; no dependas de tu propio entendimiento. Busca su voluntad en todo lo que hagas, y él te mostrará cuál camino tomar. PROVERBIOS 3:5-6

☼ **Una oración acerca de la CONFRONTACIÓN**
Cuando temo una batalla en gestación

SEÑOR:

Volvemos a lo de siempre. Siento que otra batalla se está gestando, lo cual significa otra confrontación inevitable. Creo que la agitación anticipada es tan mala como la explosión en sí. Quiero trabajar por la paz, en cuanto dependa de mí. Pero no puedo renunciar a algunas cosas, Padre, y necesito tu sabiduría para saber cuándo debo ponerme firme y cuándo dejarlo pasar. Por favor cubre esta situación con tu Espíritu de paz y armonía. Ayúdanos a estar unidos para trabajar hacia la mejor solución que te honre a ti y muestre respeto de los unos por los otros.

Cuando nos encontramos en la cruz, podemos resolver cualquier cosa, ¿verdad? Gracias por ir delante de nosotros y por guiarnos a través de nuestras diferencias. Por favor, mantén frente a nosotros la visión de un crecimiento más grande y una relación más rica, debido al trabajo que aportamos. Pero Señor, en caso de que yo no reciba el cuidado y el respeto que espero dar, por favor sé mi defensor y ayúdame a confiar en que tú protegerás mi reputación y mis esperanzas.

Esfuércense por vivir en paz con todos y procuren llevar una vida santa, porque los que no son santos no verán al Señor.
HEBREOS 12:14

DÍA 298

✦ Una oración acerca del SERVICIO
Cuando necesito la ayuda del Buen Pastor

JESÚS:

Gracias por los pequeños corderos que has confiado a mi cuidado. Ellos son una fuente de mucha alegría. Gracias por la oportunidad de colaborar contigo para suplir sus necesidades, grandes y pequeñas. Ya sea que signifique alimentarlos o guiarlos a pastos más seguros, este es un llamado sagrado. Estoy agradecida porque me has dado a cada uno de mis hijos, y deseo estar íntimamente involucrada en su protección y bienestar. ¡Qué bendición verlos prosperar!

Tú, Señor, fuiste el Cordero que fue sacrificado para proporcionar una forma de rescate para nosotros. Voluntariamente entregaste tu vida por las ovejas. Tú proteges a tus pequeños del daño. Estas acciones de amor y cuidado abnegado me motivan a dar, y a dar un poco más. Necesito valor y resolución para pastorear a mis hijos y sus corazones. Por favor refrena mis impulsos obstinados y reabastece mi alma para servirte otro día.

Cuiden del rebaño que Dios les ha encomendado. Háganlo con gusto, no de mala gana ni por el beneficio personal que puedan obtener de ello, sino porque están deseosos de servir a Dios. 1 PEDRO 5:2

☼ Una oración acerca de la GUERRA ESPIRITUAL
Cuando necesito una mentalidad de batalla

SEÑOR:

Despierta mi alma adormecida al hecho de que vivo en una zona de guerra. Frecuentemente crío a mis hijos con la mentalidad de un tiempo de paz, y puedo ser ingenua e informal al interactuar con la cultura que nos rodea. El mundo en realidad es un campo de batalla para el alma de mis hijos. Tú, Dios, nos has dado no solo la advertencia sino también la provisión de tu protección. Protege nuestras mentes con el casco de la salvación. Protege nuestros corazones con la coraza de la justicia. Prepara nuestros pies para la batalla del evangelio. Enséñanos lo que significa tomar valientemente el escudo de la fe. Gracias por la espada del Espíritu. Anhelamos ser una luz para ti en este mundo oscuro.

Debido a que soy madre, tú me has dado la tarea de preparar espiritualmente a mis hijos para interactuar con el mundo. Por favor dales gracia, querido Señor, para estar en el mundo sin pertenecerle. Protégelos del malvado, y de sus mentiras y maquinaciones. Dales victoria a través de la fortaleza que tú provees.

Pónganse todas las piezas de la armadura de Dios para poder resistir al enemigo en el tiempo del mal. Así, después de la batalla, todavía seguirán de pie, firmes. EFESIOS 6:13

☀ Una oración acerca del CONSUELO
Cuando quiero ser ejemplo de darle prioridad a las necesidades de los demás

PADRE CELESTIAL:

Gracias por encargarte de cada necesidad de esta tierra. Las aflicciones son demasiadas para que yo las comprenda, pero a ti te duele cada una de ellas. Por favor ayúdame a vivir de una manera que estimule a mis hijos a extender sus manos con corazones generosos y consoladores. Por favor desarrolla en nosotros una ternura audaz para ayudar a otros necesitados.

Los que tapan sus oídos al clamor del pobre tampoco recibirán ayuda cuando pasen necesidad. PROVERBIOS 21:13

DÍA 301 *Momento de oración*

☀ Una oración acerca del HOGAR
Cuando quiero que mi hogar sea un refugio

SEÑOR:

Cereal empapado en el suelo, cubos volteados en la mesa, mochilas tiradas por el pasillo... ¿Estará limpio nuestro hogar alguna vez por más de diez minutos? Cuando me veo tentada a estallar por causa del desorden, por favor hazme recordar que tú nos diste nuestro hogar no para que fuera una exhibición que impresione a los invitados, sino para que fuera el lugar en el que nuestra familia puede amar, reír y crecer juntos. Mientras enseño a mis hijos a dejar las cosas en orden, que yo sea ejemplo de la misma paciencia y comprensión que tú me das cuando ordenas mi propio corazón.

La mujer sabia edifica su hogar, pero la necia con sus propias manos lo destruye. PROVERBIOS 14:1

☼ Una oración acerca de la APARIENCIA
Cuando deseo sentirme más atractiva

SEÑOR:

Mi cabello no quiere cooperar hoy. Tampoco estoy exactamente muy a la moda hoy, con estos zapatos viejos y este traje que ha visto mejores épocas. Y mi figura, creo que recuerdo que era mejor, hace mucho tiempo. Casi recuerdo los días en los que tenía tiempo para pensar en mi apariencia. El hecho es que, desde que me convertí en madre, mi mente piensa primero en mi familia. Mi corazón quiere su bienestar primero, lo cual significa que la mayor parte del tiempo ellos tienen mi atención primaria. Pero no he perdido completamente a la antigua yo, la parte que todavía necesita sentirse femenina y atractiva. Tú nunca me pediste que renunciara a eso. Después de todo, tú me hiciste para que te reflejara y tú encarnas la verdadera belleza.

Gracias porque puedo usar la belleza de tu Espíritu, sin importar el poco tiempo que tenga para arreglarme cada día. Ayúdame a vestirme con los tesoros eternos y atemporales de la misericordia, la amabilidad, la humildad, la gentileza y la paciencia. He visto a otras usar esas cualidades como si fueran sedas finas, y en realidad son las mujeres más hermosas. Esas cualidades no solo bendicen a otros, sino que sin duda debe sentirse encantador usarlas.

Dado que Dios los eligió para que sean su pueblo santo
y amado por él, ustedes tienen que vestirse de tierna
compasión, bondad, humildad, gentileza y paciencia.
COLOSENSES 3:12

☼ Una oración acerca de la MODESTIA
Cuando necesito ayuda para guiar a mis hijos

PADRE DIOS:

Cuando miro a mi alrededor, veo que aparentemente a los jóvenes les importa la modestia cada vez menos. Luego me entero de la prevalencia del sexteo y de cómo las chicas y los jóvenes envían fotos inapropiadas de sí mismos. Sé que esto no te agrada y que les hace daño a los jóvenes involucrados.

Ayúdame a enseñarle a mis hijos a respetar sus cuerpos y a estar conscientes del mensaje que envían con la forma en que deciden vestirse. Ayúdame a modelar los valores de la modestia y la belleza interna. Permite que tu luz brille a través de mi vida. Protege mi corazón, así como los corazones de mis hijos, de las influencias inmorales. Ayúdame a vigilar de manera apropiada lo que ven a través de los medios de comunicación que llegan a mi casa.

No se interesen tanto por la belleza externa: los peinados extravagantes, las joyas costosas o la ropa elegante. En cambio, vístanse con la belleza interior, la que no se desvanece, la belleza de un espíritu tierno y sereno, que es tan precioso a los ojos de Dios. I PEDRO 3:3-4

❄ Una oración acerca de PERTENECERTE
Cuando quiero compartir la alegría de ser tuya

SEÑOR:

La necesidad humana de pertenecer es muy poderosa. Pienso en los hijos que crecen en hogares inestables, o que los arrastran de una situación de tutela a otra, sin disfrutar nunca de la seguridad de pertenecerle a alguien que los ama verdaderamente. La falta de un sentido de pertenencia saludable asegura el quebrantamiento. Este mundo no nutre la pertenencia eterna. El pecado la ha corrompido y sigue su obra insidiosa de destrozar los vínculos que fueron creados para permanecer intactos, que ofrecen plenitud y seguridad. Tú creaste a los seres humanos para que se conecten en los niveles más profundos contigo y entre sí. Pero esa riqueza se ha roto de muchas maneras para muchas personas.

Señor, tú ves a los que necesitan pertenecerte. Tú ves a los que te pertenecen pero que necesitan que se les recuerde ese vínculo seguro. Muéstrales de una manera personal que moriste para que puedan ser tuyos una vez más. Sánalos y renuévalos así como solamente tú puedes hacerlo. Y, Señor, que mi estilo de vida de fe y de gozo invite a mis hijos y a otros a una relación contigo que dé vida y sea eterno.

[Ustedes] son un pueblo elegido. Son sacerdotes del Rey, una nación santa, posesión exclusiva de Dios. Por eso pueden mostrar a otros la bondad de Dios, pues él los ha llamado a salir de la oscuridad y entrar en su luz maravillosa.

I PEDRO 2:9

❋ Una oración acerca de la INTEGRIDAD
Cuando quiero inculcarles valores a mis hijos

SEÑOR:

Quiero ser capaz de ser un buen modelo a seguir para mis hijos. Pero, como tú lo sabes, no soy perfecta; necesito tu corrección y guía todos los días. A veces olvido que aunque puede ser fácil justificar una pequeña mentira blanca, mis hijos me están observando y siguen mi guía.

Ayúdame a recordar que, en cada situación, la verdad y la integridad siempre son el mejor camino a seguir. Párame con la palabra en la boca cuando tergiverse la verdad o elija el camino del engaño porque parece ser el camino más fácil. Permíteme aprender lo que significa hablar con gracia y verdad, como tú lo haces. Aumenta en mí el fruto de tu Espíritu para que yo pueda enseñar a mis hijos a decir la verdad. Gracias por modelar la honestidad, y ayúdame a ser más semejante a ti cada día.

El SEÑOR detesta los labios mentirosos, pero se deleita en los que dicen la verdad. PROVERBIOS 12:22

☼ Una oración acerca de la BONDAD
Cuando esta vida me lleva abajo

PADRE CELESTIAL:

La guerra, los huracanes, los incendios, los actos de violencia sin sentido... el mundo caído que me rodea puede hacerme dudar si la bondad en realidad existe todavía. Hay días en los que me veo reflexionando demasiado en la negatividad y el dolor que me rodean.

Pero solamente necesito mirar el rostro sonriente de mi hijo que juega para recordar que, en última instancia, todos fuimos creados a tu imagen y que tú en efecto eres bueno. Este mundo no es un reflejo exacto de tu carácter. Hazme recordar cada día que mi permanencia aquí en este mundo corrupto es temporal y que tú has preparado un lugar para mí, lleno de gozo y paz. Muéstrame cómo puedo manifestar tu carácter hoy en todas mis interacciones, para darle una pieza tangible de ti al mundo que me rodea.

Ciertamente tu bondad y tu amor inagotable me seguirán todos los días de mi vida, y en la casa del SEÑOR viviré por siempre. SALMO 23:6

Una oración acerca del PERDÓN
*Cuando me doy cuenta de que todavía estoy
amargada*

SEÑOR:

Precisamente cuando pensaba que había dominado el perdón, un pequeño recordatorio de una herida pasada me ha devuelto todo mi antiguo resentimiento e ira. Por favor cambia mi corazón y ayúdame a entregarte esta carga otra vez. Inunda mi alma con tu misericordia para que pueda cambiar genuinamente.

Sean amables unos con otros, sean de buen corazón, y perdónense unos a otros, tal como Dios los ha perdonado a ustedes por medio de Cristo. EFESIOS 4:32

DÍA 308 *Momento de oración*

Una oración acerca de la OBEDIENCIA
Cuando necesito paciencia

PADRE MÍO:

Dame tu fortaleza hoy que mi hijo está probando mis límites. Ayúdame a no perder los estribos y a usar esta desobediencia como un momento educativo, incluso cuando quiero arremeter con enojo. Ayúdame a exhibir el fruto de tu Espíritu, particularmente paciencia, gentileza, bondad y control propio.

Hijos, obedezcan a sus padres porque ustedes pertenecen al Señor, pues esto es lo correcto. [...] Padres, no hagan enojar a sus hijos con la forma en que los tratan. Más bien, críenlos con la disciplina e instrucción que proviene del Señor.
EFESIOS 6:1, 4

☀ Una oración acerca de la ORACIÓN
Cuando necesito hablarle a Dios

SEÑOR:

Hoy siento como si estuviera ahogándome en la desesperación. Se me dificulta ver cómo las pruebas, la esperanza
y la oración pueden ir juntas en este momento. No puedo
alegrarme en mi prueba, pero por favor hazme ver, Señor,
cómo alegrarme con la esperanza que solo tú puedes dar.
Ayúdame a descansar en el conocimiento de que mi esperanza no está en el cambio de mis circunstancias, sino más
bien en mi dependencia de ti.

Señor, mi deseo es que las cosas se resuelvan inmediatamente. Pero sé que tú me llamas a ser paciente y a
perseverar en este problema. Ayúdame a permanecer en ti,
sin importar cuánto dure esta prueba. Ayúdame no solo a
perseverar en esta prueba, sino a perseverar en oración, y
a llevarte todas mis preguntas, mis ansiedades y mis peticiones. Estoy muy agradecida porque puedo acudir a ti en
oración en cualquier momento de cualquier día.

*Alégrense por la esperanza segura que tenemos. Tengan pacien-
cia en las dificultades y sigan orando.* ROMANOS 12:12

⚙ **Una oración acerca de la SIMPLEZA**
   Cuando trato de complicar las cosas

PADRE:

A medida que avanza mi edad, más anhelo la simpleza.
Las decisiones de la vida y el manejo del tiempo pueden
ser muy complicados. Las relaciones también se pueden
poner difíciles y a veces pueden ser problemáticas. Los
compromisos con las funciones y las responsabilidades frecuentemente pueden parecer eternos, e incluso las tareas
diarias que tengo enfrente parecen intimidantes. Ayúdame, querido Padre, a reducir la vida a los fundamentos
y a las cosas que en realidad cuentan.

Tú nos has hecho recordar que la vida se trata, en
última instancia, de amarte a ti y a los demás. Así que,
¿por qué me veo tentada tan frecuentemente a pensar que
a través de la adición de cosas materiales y logros la vida en
efecto va a ser más? Enséñame cómo, en realidad, menos
puede ser más. Este es el patrón que tú diseñaste para
que mi vida florezca y prospere. Dame el discernimiento
para decirle no a las cosas buenas y decirle sí a las *mejores*.
Quiero sabiduría y valor para tomar las decisiones necesarias para tener una vida más sencilla.

*[Jesús dijo:] «Mi yugo es fácil de llevar y la carga que les doy
es liviana».* MATEO 11:30

☀ Una oración acerca de la DUDA
Cuando me quita la plenitud del Espíritu

SEÑOR:

A veces, cuando estoy atascada en la duda, olvido las bendiciones que están reservadas para aquellos que te toman la palabra. Esas bendiciones son una gran motivación para dejar la fe endeble y para poner toda mi confianza en ti. Quiero confiar en ti completamente y no perderme lo mejor de ti. Eso quiere decir no darle tiempo a las dudas que impiden la plenitud de lo que te gustaría hacer en y a través de mí. Suena fácil, pero a la humanidad en mí le gusta complicar las cosas.

Cuando mi corazón quiere más respuestas a mis preguntas y me pregunto si no fallarás nunca y si harás lo necesario a tiempo, por favor susúrrame un recordatorio del bendecido camino de resistir la duda. Si no oigo bien al principio, por favor grita tan fuerte como sea necesario para obtener mi atención. Hazme recordar que tú nunca dudas de ti y que tu Espíritu en mí puede ayudarme a vivir con fe. Gracias por las bendiciones venideras.

Entonces Jesús le dijo: «Tú crees porque me has visto; benditos son los que creen sin verme». JUAN 20:29

⚙ Una oración acerca de la VULNERABILIDAD
Cuando tengo miedo de ser sincera

PRECIOSO SEÑOR:

El día de hoy ha estado lleno de frustraciones y decepciones. Quiero huir y esconderme en algún lugar lejos, muy lejos. Sé que si huyo a las alturas, tú estás allí. Si trato de escapar a las profundidades, tú estás allí. Tú lo ves todo y lo sabes todo. Lo más sorprendente es que has examinado los rincones de mi corazón y sabes todo lo que hay de mí, y de alguna manera todavía me amas. Estoy asombrada por tu amor incondicional por mí. Soy muy indigna y, aun así, estoy muy agradecida por este tierno cuidado.

Como vivo en comunidad con otros, por favor dame la audacia para ser tan transparente con mis amigos como busco ser contigo. Compartir verdaderamente con el corazón siempre conlleva el riesgo del rechazo y de ser malentendida. Confieso que lo que me impide compartir mis verdaderos sentimientos contigo o con otros es el miedo. Tanto el miedo al rechazo de la gente como el miedo al fracaso pueden paralizarme totalmente. Hazme recordar a diario que tu amor perfecto expulsa todo temor.

Oh SEÑOR, has examinado mi corazón y sabes todo acerca de mí. SALMO 139:1

☼ Una oración acerca de la ALABANZA
Cuando mi corazón está inspirado a adorar

PADRE:

Hoy, mientras camino por la belleza de tu creación, me siento abrumada por todas tus bondades para conmigo. Tú has llenado mi corazón a rebosar de agradecimiento por todo lo que nos has dado a mi familia y a mí: aliento, vida y buenos regalos, demasiados para contarlos. Mientras te adoro hoy, también me siento culpable por mi ingratitud en muchas otras ocasiones. Puedo ser rápida para ver todas las cosas que no tengo en vez de las muchas cosas buenas que sí poseo.

Padre, por favor dame la resolución de honrarte en todo momento, no solo a veces. Que lo primero en mis labios sea alabarte en lugar de alabarme a mí misma. Limpia mi corazón y mi boca de cualquier cosa que no sea laudable. Reemplaza mis quejas con palabras que te alaben y te adoren. Que las palabras de mi corazón y la meditación de mi corazón sean contagiosas para mi familia y mis amigos. Permite que la alabanza de tu nombre llene nuestro hogar.

Alabaré al SEÑOR en todo tiempo; a cada momento pronunciaré sus alabanzas. SALMO 34:1

❁ **Una oración acerca de la FATIGA**
   Cuando el agotamiento no disminuye

SEÑOR:

Últimamente ha sido difícil levantarme en las mañanas. Siento que mi fatiga llega hasta lo más profundo de mi ser y abate cada célula. Por favor ayúdame a descansar en la tranquilidad de tu Espíritu mientras renuevas mi fortaleza incluso ahora. Sé todo lo que necesito hoy, como lo has prometido, para que pueda satisfacer las necesidades de mi familia.

El SEÑOR es mi pastor; tengo todo lo que necesito. En verdes prados me deja descansar; me conduce junto a arroyos tranquilos. Él renueva mis fuerzas. SALMO 23:1-3

❁ **Una oración acerca de la AUTOCOMPLACENCIA**
   Cuando el statu quo distorsiona mi visión

SEÑOR:

Gracias por definir lo que es correcto y real, a pesar de lo que el mundo llama normal. Es más fácil simplemente seguir las modas y las inclinaciones de nuestro mundo. Aun así, es un camino directo al desastre armonizar con el *statu quo* sin detenernos a cuestionar si es tu camino o no. Por favor no permitas que me conforme con lo que en realidad no es la verdad. Dame discernimiento hoy para que pueda tomar decisiones sabias.

Llegará el tiempo en que la gente no escuchará más la sólida y sana enseñanza. Seguirán sus propios deseos y buscarán maestros que les digan lo que sus oídos se mueren por oír.
2 TIMOTEO 4:3

※ **Una oración acerca del EQUILIBRIO**
*Cuando percibo que mi familia tiene un calendario
sobrecargado*

PADRE:

Aquí vamos otra vez. Una incursión al supermercado antes
de las lecciones de música, antes de la práctica de fútbol,
antes de correr a la casa para improvisar la cena y que los
chicos puedan hacer su tarea rápidamente. Estas actividades
son cosas buenas, algunas incluso necesarias. Tenemos que
comer. Mis hijos tienen que crecer como personas íntegras.

Pero, Señor, algo en mi espíritu continúa diciéndome
que esa parte de ser íntegros también incluye practicar el
equilibrio. Por favor ayúdame a modelar y a estimular la
vida equilibrada. A medida que ayudo a mis hijos con las
actividades y los estudios, ayúdame a iniciar la lección
ocasional de que «menos es más». Hazme ver cuando sea
necesario reducir algo bueno para agregar lo mejor. Ese es
un valor difícil de practicar en la sociedad actual. Pero, por
favor ayúdanos a priorizar la unidad familiar simplemente
estando juntos en casa. Por favor graba en nosotros la futilidad de demasiado ajetreo. Padre, más que nada quiero
darles a mis hijos la mejor vida posible. Ayúdame a sus-
traer cualquier cosa que se robe la riqueza de vivir cerca de
ti y de amarnos mutuamente a diario.

*Somos tan solo sombras que se mueven y todo nuestro ajetreo
diario termina en la nada. Amontonamos riquezas sin saber
quién las gastará. Entonces, Señor, ¿dónde pongo mi esperanza? Mi única esperanza está en ti.* SALMO 39:6-7

✺ Una oración acerca de las BENDICIONES
   Cuando me siento culpable de tener demasiado

SEÑOR:

Supongo que tengo algo parecido a la culpa del sobreviviente. Miro la vida que tengo y me siento abrumada por las bendiciones. Tú has sido muy bueno conmigo. Pero cada día, mientras yo disfruto la seguridad, el amor, los amigos, la familia y vivir con abundancia en comparación con la mayoría del mundo, batallo con preguntas de por qué. ¿Por qué yo? ¿Por qué tengo tanto cuando demasiadas almas que tú amas de igual manera viven en crisis constantes? Si la guerra no es lo que destroza vidas, es la hambruna, el agua sucia, la pobreza extrema, la persecución, el crimen y las enfermedades que ni siquiera tengo que temer donde vivo. Y lo que es más importante, me han hablado de tu salvación. Muchas otras personas todavía no saben de ella.

Por favor, no permitas que me vuelva autocomplaciente o que desarrolle un sentido de derecho por los regalos que me has dado. De otra manera, me perderé los regalos más grandes de depender de ti para todo y de tener un corazón en desarrollo que se quebranta por otros; lo suficientemente quebrantado para ayudar. Gracias por darme para que yo pueda bendecir a otros que necesitan una mejor vida en la tierra y la vida eterna que tú ofreces.

Efectivamente, serán enriquecidos en todo sentido para que siempre puedan ser generosos; y cuando llevemos sus ofrendas a los que las necesitan, ellos darán gracias a Dios.
2 CORINTIOS 9:11

⚜ Una oración acerca de la BIBLIA
Cuando quiero que mis hijos amen tu Palabra

DIOS:

El Salmo 119 es un gran recordatorio de lo que tu Palabra significa para nosotros. La Biblia está fácilmente disponible en esta cultura, pero ¿cuánta gente pasa la vida sin la oportunidad de saber lo que nos dices en ella? Frecuentemente no me detengo a pensar en el hecho de que tú, el Creador y Dueño del universo, el Vencedor eterno y Salvador amoroso, escribiste estas verdades para toda la humanidad, incluyéndome a mí. Eso es verdaderamente asombroso. Por lo menos lo es para los que entienden quién eres tú.

Padre, por favor ayuda a mis hijos a enamorarse de ti y de tus mensajes en tu Palabra. Abre los ojos de sus corazones y el entendimiento de sus mentes para que vean por qué deben estudiar la Biblia. Cambia sus vidas a través de tu Palabra. Haz que sean amantes apasionados tuyos al presenciar cuánto los amas. Concédeles discernimiento y sabiduría para vivir para ti en un mundo que desprecia tus caminos cada vez más. ¡Gracias, Señor, por tu Palabra!

Estudiaré tus mandamientos y reflexionaré sobre tus caminos. Me deleitaré en tus decretos y no olvidaré tu palabra. Sé bueno con este siervo tuyo, para que viva y obedezca tu palabra. Abre mis ojos, para que vea las verdades maravillosas que hay en tus enseñanzas. SALMO 119:15-18

✿ Una oración acerca de la DEPRESIÓN
Cuando necesito sabiduría para saber cómo ayudar

JESÚS:

Gracias por el versículo bíblico de hoy. He estado des-
orientada sobre cómo ayudar cuando un ser amado se
siente desanimado. Para encontrar el equilibrio correcto
de qué decir, cuándo escuchar en silencio, cuándo dar un
pequeño impulso y cuándo restringirme se requiere des-
treza y sensibilidad más allá de mis habilidades naturales.
Lo que quiero es ayudar en lugar de agregar más cargas al
corazón de alguien que ya está herido.

Me encanta cómo el versículo de hoy me apunta a ti,
el único en el que el Espíritu Santo se posó cuando estuviste en la tierra dándole sanación a tanta gente. Eres el
único que envió a su Espíritu para que permaneciera en
la tierra y nos ministrara. Por mi cuenta, no puedo ver el
panorama general como tú puedes hacerlo. No siempre
sé lo que otra persona necesita, por lo que necesito que
obres en y a través de mí. Por favor lléname de ti para que
pueda compartir tu sabiduría y entendimiento, tu consejo
y poder, y para que pueda ofrecer el conocimiento y el
ánimo que sabes que alguien más necesita. Confío en que
tú me ayudaras a ofrecerte a *ti*.

El Espíritu del SEÑOR reposará sobre él: el Espíritu de
sabiduría y de entendimiento, el Espíritu de consejo y de
poder, el Espíritu de conocimiento y de temor del SEÑOR.
ISAÍAS 11:2

☼ Una oración acerca de la COMUNIDAD
Cuando necesito saber cuál es mi papel en ella

PADRE:

Generalmente no se habla del versículo de hoy con referencia a la comunidad. Típicamente se menciona en discusiones acerca de la hospitalidad. Aun así, me parece que ofrece una nueva perspectiva acerca de mi parte en la comunidad donde me colocaste.

La idea de cruzar caminos con un ángel es sorprendente. Los ángeles son parte del cielo, recordatorios de ti, no de la tierra. Pero si busco la presencia de tu Espíritu en cada encuentro con otra persona, puedo participar en traer un poco del cielo a la tierra. Cuando la gente percibe una bienvenida de mi parte, seguramente serán tocados por tu amor, ¿verdad? Esa experiencia de dulce gracia debe tomar a muchas personas por sorpresa, porque un encuentro con tu Espíritu va más allá del mejor consuelo que este mundo puede presumir. Quién sabe, tal vez puedo compartir una muestra de tu naturaleza divina para enriquecer a esta comunidad. Por favor ayúdame a actuar como un ángel en la tierra y a sorprender a alguien hoy.

No se olviden de brindar hospitalidad a los desconocidos, porque algunos que lo han hecho, ¡han hospedado ángeles sin darse cuenta! HEBREOS 13:2

☸ **Una oración acerca de la FELICIDAD**
Cuando me siento satisfecha

PADRE CELESTIAL:

Me desperté esta mañana con un corazón liviano. Tú ciertamente has derramado tus bendiciones sobre mí últimamente. Los placeres sencillos como hornear y cantar con mis hijos me llenan de alegría. Los recuerdos de estas últimas semanas ya me hacen sonreír. Sé que la vida no siempre será así de fácil, pero estoy muy agradecida por la armonía en nuestro hogar ahora mismo.

He aprendido a estar contento con lo que tengo.
FILIPENSES 4:11

☸ **Una oración acerca del PASADO**
Cuando necesito recordar la gracia

SEÑOR:

Me estremezco al pensar en todas las maneras que me he desviado de tu camino y he desobedecido tus mandamientos. Me abrumo de remordimiento y vergüenza cuando recuerdo los errores pasados. Tú me has prometido que me has limpiado y me has perdonado. Ayúdame a perdonarme a mí misma y a seguir adelante con la libertad de la vida nueva que tú me has dado. Gracias por el nuevo comienzo que me ofreces hoy.

Llevó nuestros pecados tan lejos de nosotros como está el oriente del occidente. SALMO 103:12

⚙ **Una oración acerca del DINERO**
Cuando quiero enseñarle a mi hija a compartir

SEÑOR:

A medida que mi hija crece, estoy consciente de las innumerables maneras en las que provees para nuestra familia. Tú nos cuidas y nos bendices una y otra vez con techo, comida y otras posesiones materiales. Deseo enseñarle a mi hija a ser agradecida por todos los recursos que tú le has dado, para que ella pueda aprender a administrar esos recursos de una manera que te honre.

Ayúdame a inculcar este valor en mi hija. Muéstrame las maneras en que puedo estimularla para que te alabe por tus muchas bendiciones y para que comparta lo que tiene con un corazón puro. Gracias por ser siempre fiel para proveer lo que necesitamos.

«Traigan todos los diezmos al depósito del templo, para que haya suficiente comida en mi casa. Si lo hacen —dice el SEÑOR de los Ejércitos Celestiales—, les abriré las ventanas de los cielos. ¡Derramaré una bendición tan grande que no tendrán suficiente espacio para guardarla! ¡Inténtenlo! ¡Pónganme a prueba!». MALAQUÍAS 3:10

☼ Una oración acerca de DECEPCIONAR A OTROS
Cuando no puedo hacerlo todo

SEÑOR JESÚS:

Yo tenía la mejor de las intenciones, pero lo eché a perder. Hice una promesa que no pude cumplir; el tiempo simplemente se me escapó. Por favor ayuda a calmar mis pensamientos que van a toda prisa, y hazme recordar que tú me sostendrás cuando caiga. Dame el valor para admitir mi fracaso prontamente. Si hay alguna manera de arreglar las cosas con la persona a la que he tratado mal, por favor ayúdame a verla.

De ahora en adelante, ayúdame a priorizar mi tiempo para que pueda lograr las cosas que tú has planificado que yo haga por medio de tu fortaleza. Enséñame a decir no a las peticiones que no puedo cumplir o que no tenías diseñadas para mí. Y aunque me siento muy mal por defraudar a alguien, usa esta falla para recordarme tu gracia cuando otros también fallan en cumplir mis expectativas. Gracias por no darte por vencido conmigo nunca.

Ya no hay condenación para los que pertenecen a Cristo Jesús.
ROMANOS 8:1

⚙ Una oración acerca de la RECTITUD
Cuando me equivoco en cuanto a estar bien con Dios

SEÑOR:

Renuncio a mi cansona metodología de intentar ser mejor con más ahínco para que tú me ames más. No funciona y nunca funcionará. Nunca seré lo suficientemente buena ni lo suficientemente inteligente para adquirir tu amor. Necesito una rectitud que viene de afuera de mí misma. Necesito una rectitud que yo nunca puedo ganar o merecer por mis buenas obras. Ninguna cantidad de ahínco personal, de superación personal o de santurronería es suficiente para merecer tu gracia.

Señor, perdona mis caminos torcidos al tratar de arreglar mi situación contigo. Tu rectitud que me ha sido dada es lo único que enderezará mi corazón y mis días. Quiero estar bien delante de ti y establecida en tu amor. Gracias por el regalo de fe que abre el camino para estar relacionada correctamente contigo. Ayúdame a vivir de tal manera que nunca dude que la Cruz fue necesaria y esencial para mi salvación.

Ya no me apoyo en mi propia justicia, por medio de obedecer la ley; más bien, llego a ser justo por medio de la fe en Cristo. Pues la forma en que Dios nos hace justos delante de él se basa en la fe. FILIPENSES 3:9

☼ Una oración acerca de BUSCAR A DIOS
Cuando necesito querer conocerlo mejor

SEÑOR:

Buscarte requiere quietud, y para oírte se requiere silencio. En realidad, acercarse para conocerte requerirá tiempo y esfuerzo. Esas realidades están escasas ahora mismo en nuestro hogar. Pero lo cierto es que parece que encuentro tiempo para ir tras otras cosas, como el ocio, las amistades y el tiempo personal.

Por favor transforma mi corazón, Señor, para que te dé el primer lugar. Transfórmame en una persona que disfruta buscarte e intenta hacer de eso una prioridad. Yo sí anhelo vivir en tu presencia. Quiero ser una mujer que te sigue de cerca. Muéstrame cómo puedo sentarme a tus pies, lista para aprender. Dios, tú me has prometido que cuando te busco con todo mi corazón, definitivamente te encontraré. Sé que cuando lo haga, también tendré alegría, seguridad y satisfacción.

Lo único que le pido al SEÑOR —lo que más anhelo— es vivir en la casa del SEÑOR todos los días de mi vida, deleitándome en la perfección del SEÑOR y meditando dentro de su templo.
SALMO 27:4

⚙ Una oración acerca de la PERFECCIÓN
Cuando no estoy a la altura

PADRE CELESTIAL:

Para mí es muy fácil caer en el patrón de tratar de ser la mejor en todo lo que hago. Quiero ser la mejor madre, la mejor esposa, la mejor hija, la mejor cristiana… la lista sigue sin parar. El problema con querer ser la mejor es que la meta no se puede alcanzar. Hay tantas maneras distintas para definir ser la mejor que nunca estaré a la altura de todo lo que creo que el mundo quiere que sea.

Afortunadamente, tú has venido y has cambiado el juego. Tú no me pides que sea perfecta; me pides solamente que crea en ti y te confíe mi vida. Tú me has creado a tu imagen. No soy un error. Hazme recordar cada día que no tengo que complacer a nadie más que a ti.

Queda claro que no es mi intención ganarme el favor de la gente, sino el de Dios. Si mi objetivo fuera agradar a la gente, no sería un siervo de Cristo. GÁLATAS 1:10

☼ **Una oración acerca de la FAMILIA**
   Cuando mi corazón se siente pleno y bendecido

SEÑOR:
Frecuentemente te traigo mis frustraciones cuando estoy agotada y me siento sobrecargada con las responsabilidades de mi familia. Sin embargo, hoy pongo todo mi corazón a tus pies con gratitud. ¡Gracias por esta bella familia que me has permitido amar! Por favor ayúdame a vivir y a ser madre de una forma que sea digna de semejante recompensa.

Los hijos son un regalo del SEÑOR; son una recompensa de su parte. SALMO 127:3

DÍA 329 *Momento de oración*

☼ **Una oración acerca de las BENDICIONES**
   Cuando necesito recordar que hay una recompensa por la obediencia

SEÑOR:
A menudo se dice que la obediencia trae bendiciones y la desobediencia trae angustia. Tal vez los efectos no serán evidentes inmediatamente, pero esas dos verdades son eternas y no cambian. Por favor graba en mis hijos el valor de buscar tus caminos y seguirlos. Que ellos entiendan que la paz y la salvación que tú ofreces valen mucho más que cualquier riqueza terrenal.

Si miras atentamente en la ley perfecta que te hace libre y la pones en práctica y no olvidas lo que escuchaste, entonces Dios te bendecirá por tu obediencia. SANTIAGO 1:25

⚙ Una oración acerca de tener MIEDO
Cuando necesito reemplazar el miedo con la fe

PADRE:

Me encuentro acostada en la oscuridad, avanzada la noche, con un corazón lleno de temor. Confieso que le tengo miedo al fracaso, miedo a lo que el futuro pueda traer, miedo a lo que otros puedan pensar de mí. Algunos días es como que estos sentimientos me alejan de llegar a convertirme en la mujer que creo que tú quieres que sea. Otros días, este temor me impide hacer elecciones y tomar decisiones, lo cual evita que siga adelante con las relaciones de mi vida.

Padre, libérame y rescátame de mí misma. Me regocijo porque aunque mi corazón pueda cuestionar la realidad de mi adopción en tu familia, en última instancia te pertenezco. Tú me has llamado a ser tu hija, y mi seguridad eterna es definitiva para siempre y está garantizada. Por favor, rompe mi esclavitud al temor y enséñame los caminos para seguir adelante hacia la fe.

Ahora, oh Jacob, escucha al SEÑOR, quien te creó. Oh Israel, el que te formó dice: «No tengas miedo, porque he pagado tu rescate; te he llamado por tu nombre; eres mío». ISAÍAS 43:1

⚙ Una oración acerca de la FAMILIA
Cuando la nuestra está en conflicto

SEÑOR:

Sométete. ¿Me atrevo a pedir ayuda con esa palabra otra vez? Siento como que lo único que hago es ceder ante alguien en esta casa. Lo curioso es que creo que todos los demás aquí se sienten de igual manera. Señor, tú diseñaste la sumisión para que se aplique a cada uno de nosotros, para nuestro bien como un todo, así que ¿cómo es que se convirtió en un concepto negativo? La sumisión es realmente una forma decisiva de vivir, totalmente fortalecida, es decir, cuando no se abusa de ella. Jesús se sometió a tu voluntad, y tú pides lo mismo de nosotros en esta familia, para que podamos progresar bien juntos.

Por favor graba en todos nosotros la necesidad de priorizar lo que es mejor para cada uno, para que podamos vivir en paz. Ayúdame a establecer las pautas para ayudar a los otros a ver cómo la sumisión implica bendición. Ablándanos los unos para con los otros, abre nuestros ojos para que veamos nuestra propia responsabilidad en esto, y haznos ver las áreas en las que necesitamos trabajar. Gracias, Señor, por dar el ejemplo de la sumisión saludable, funcional y mutua, que lleva a la bendición mutua.

Sométanse unos a otros por reverencia a Cristo.
EFESIOS 5:21

❁ Una oración acerca de los LÍMITES
Cuando quiero vivir en tu libertad

PADRE DIOS:

Les enseño a mis hijos a respetar los límites que establezco para ellos, pero si soy verdaderamente sincera, a mí no siempre me gusta obedecer tus pautas para mí. A veces me pregunto dónde exactamente se desploman esos límites. Los cristianos tienen muchos grados distintos de fe en ti, e igualmente muchas opiniones en cuanto a cómo practicar la verdadera fe. Gracias por el versículo de hoy, que clarifica todo este concepto de los límites. Supongo que los tuyos rodean todo lo que me acerca a ti y dejan fuera esos pensamientos y hábitos que me alejarían para ser esclava de algo impío. ¿Es eso cierto, Señor?

Por favor sigue obrando en mi comprensión de tu Palabra y tus caminos. Necesito tu ayuda incluso con los primeros pasos básicos de desear vivir para ti completamente. Gracias por llamarme a la cercanía contigo. Fortalece el vínculo entre mis hijos y yo, que también nutre su deseo de vivir para ti. Que ellos sean atraídos a la alegría y la libertad que ven en mí cuando te obedezco. Gracias porque los límites de tu Palabra realmente los llevan a la libertad.

¿No se dan cuenta de que uno se convierte en esclavo de todo lo que decide obedecer? Uno puede ser esclavo del pecado, lo cual lleva a la muerte, o puede decidir obedecer a Dios, lo cual lleva a una vida recta. ROMANOS 6:16

☼ Una oración acerca del CONSEJO

Cuando estoy confundida en cuanto a qué consejo escuchar

SEÑOR:

El parloteo del mundo parece ser muy fuerte hoy. Desde la televisión a la radio, al navegador de Internet, al mecánico y al cajero del supermercado, todos están listos y dispuestos a dar consejos, ¡y esos son solamente los desconocidos con quienes me topé! No hay forma de que una persona pueda tener todas las respuestas, y mucho de eso suena bueno cuando en realidad no lo es. Ciertamente no lo sé todo cuando se trata de criar niños fieles, bien equilibrados. Frecuentemente necesito consejo para vivir sabiamente.

Así que hoy, Padre, te alabo por tu sabiduría. Tú eres omnisciente, siempre fiel, y la encarnación de la verdad. Tú eres detallista al dar consejo y puedo confiar en que tu Palabra tiene las respuestas que necesito. Cuando me sumerjo en tu sabiduría en las Escrituras, puedo estar segura de que tu Espíritu me dará discernimiento y discreción. Gracias por esos beneficios. Gracias por la guía que me ayuda a ser la madre que mis hijos necesitan.

Qué alegría para los que no siguen el consejo de malos, ni andan con pecadores, ni se juntan con burlones; sino que se deleitan en la ley del SEÑOR meditando en ella día y noche. Son como árboles plantados a la orilla de un río, que siempre dan fruto en su tiempo. Sus hojas nunca se marchitan, y prosperan en todo lo que hacen. SALMO 1:1-3

☼ Una oración acerca del TIEMPO
Cuando quiero administrar bien mis días

DIOS:

Gracias por las visitas pasadas de mis hijos y mis nietos. La vida se ve distinta desde donde estoy ahora. Cuando era una madre primeriza, me preguntaba si tendría suficientes horas en el día para cuidar de mis niños pequeños necesitados. Como madre joven, era impaciente y quería que el tiempo pasara más rápidamente para poder lograr el siguiente acontecimiento importante. Como madre de hijos adultos, me doy cuenta de que no puedo detener el tiempo. Ha pasado más rápidamente de lo que me habría gustado.

Ahora sé que todo tiene su época y su tiempo. Tú has decretado estos momentos ordinarios y nos has dado toda una vida de amor y felicidad. Tú estuviste allí en los días difíciles. Yo percibía tu presencia en medio de nuestras celebraciones ruidosas. Dios, tú nunca nos has dejado ni has desamparado a nuestra familia. Estoy más consciente del valor de cada momento en la vida. Antes de la creación del mundo, tú sabías cuántos días habías decretado para cada miembro de nuestra familia. Dame gracia para administrar el tiempo que me has dado para tu gloria.

Dios lo hizo todo hermoso para el momento apropiado. Él sembró la eternidad en el corazón humano, pero aun así el ser humano no puede comprender todo el alcance de lo que Dios ha hecho desde el principio hasta el fin. ECLESIASTÉS 3:11

✿ **Una oración acerca de la PERSEVERANCIA**
  Cuando me siento exasperada

SEÑOR:

Como un niño que tiene un berrinche, quiero lanzarme al suelo y gritar. Me siento frustrada y ya no aguanto más. Necesito que me des fortaleza y resistencia para continuar en esta carrera. Por favor quédate conmigo.

Dios bendice a los que soportan con paciencia las pruebas y las tentaciones, porque después de superarlas, recibirán la corona de vida que Dios ha prometido a quienes lo aman.
SANTIAGO 1:12

✿ **Una oración acerca de la IGLESIA**
  Cuando quiero que a mis hijos les encante adorar con otros

SEÑOR:

De entre todos los grupos que compiten por el afecto de mis hijos, ayúdalos a priorizar tu iglesia. Te pido que encuentren modelos a seguir allí y que se sientan parte del cuerpo local de creyentes. Que hagan su parte para engrandecer tu reino y compartir tu amor aquí en la tierra.

Pensemos en maneras de motivarnos unos a otros a realizar actos de amor y buenas acciones. Y no dejemos de congregarnos, como lo hacen algunos, sino animémonos unos a otros.
HEBREOS 10:24-25

※ **Una oración acerca de la PLANIFICACIÓN**
Cuando necesito ordenar mis días

DIOS:

Parece que el tiempo se escurre entre mis dedos como la arena. Parece que nunca tengo suficientes minutos u horas en el día para completar mi lista de cosas pendientes. Este ajetreo loco llena mi corazón de desánimo, y me siento perpetuamente abrumada. Pero tú, Dios, creaste los segundos, los minutos, las horas, los días y todas las estaciones. Estás completamente presente y realizas tu buena complacencia en cada uno de estos períodos de tiempo.

Dios, ayúdame a «entender la brevedad de la vida». Enséñame lo que quiere decir contar los días y hacer que cuenten para ti. Anhelo ser una madre que vive con intencionalidad, porque a nadie se le promete más tiempo en esta vida. Quiero hacer que mi vida cuente para ti: mi tiempo, mis relaciones, mi crecimiento diario en la gracia, y mis recuerdos. Más que cualquier otra cosa, quiero ser una mujer sabia, que cada día aplique la verdad de lo que sé. Por favor enséñame de qué manera mi horario diario puede ser un reflejo de ti, que eres ordenado, determinado y sabio en todo lo que haces.

Enséñanos a entender la brevedad de la vida, para que crezcamos en sabiduría. SALMO 90:12

⚙ Una oración acerca de la HUMILDAD
Cuando mi egocentrismo se infla

SEÑOR:

Puedo ser una persona muy crítica. Ya sea que juzgue a la madre cuyo niño tiene un berrinche en el supermercado, o que me indigne con la madre que dejó a su niño enfermo en la guardería, puedo pasar demasiado tiempo pensando que soy mejor que los demás. Detestaría que mi hijo juzgara a los demás por la forma en que se ven, pero me doy cuenta de que yo lo hago en silencio en mi cabeza todo el tiempo. Criticar constantemente a los demás es un rasgo feo que no quiero transmitir.

Necesito que me hagas recordar que siempre hay una persona real detrás de lo que veo. Necesito humillarme y recordar que no soy mejor que nadie. Ayúdame a usar las oportunidades que me pones enfrente para exhibir tu amor y tu compasión, en lugar de justificar mi propio espíritu crítico. Abre mis ojos para ver a los demás como tú los ves, para que pueda mostrarles tu amor y tu gentileza.

No sean egoístas; no traten de impresionar a nadie. Sean humildes, es decir, considerando a los demás como mejores que ustedes. No se ocupen solo de sus propios intereses, sino también procuren interesarse en los demás. FILIPENSES 2:3-4

☼ Una oración acerca del AGRADECIMIENTO
Cuando batallo con la ingratitud

JESÚS:

A medida que la celebración de tu cumpleaños se acerca, me encuentro atrapada por la avaricia de nuestra cultura. Siempre me sorprende cuán rápidamente nos desplazamos de la gratitud del Día de Acción de Gracias al consumismo de la Navidad. Camino por los pasillos de la tienda y me cautiva el brillo y el encanto de los bienes materiales. Siento codicia por cosas nuevas resplandecientes y permito que el descontento nuble mi corazón. La falta de gratitud es algo muy contagioso, especialmente cuando impacta nuestra vida en el hogar. ¿Quién recibirá la mayor cantidad de regalos o los más grandes?

Pero tú, querido Salvador, eres nuestro regalo sublime. Tú llenas a nuestra familia con mucha alegría. Ayúdanos a ser agradecidos por todas tus muchas provisiones. En la actividad de esta época, tenemos la oportunidad de vivir de una manera contracultural. Que la actitud de gratitud sea el mismo aire que respiro. Por favor dame momentos para impactar a mi familia y a mis amigos, a medida que mi corazón crece en contentamiento por todo lo que tú has provisto. Que mi boca esté llena de alabanza solamente de ti, y que mis acciones demuestren a un mundo que observa que tú, Jesucristo, eres verdaderamente suficiente.

Todo lo que hagan o digan, háganlo como representantes
del Señor Jesús y den gracias a Dios Padre por medio de él.
COLOSENSES 3:17

✦ Una oración acerca de los MILAGROS
Cuando pierdo la fe

SEÑOR:

Muy frecuentemente me encuentro sintiéndome sin esperanzas cuando enfrento un problema que no se puede resolver. Ya sea por circunstancias financieras abrumadoras, una enfermedad crónica o un matrimonio que se derrumba, tiendo a desesperarme en lugar de tener esperanza. Olvido que tú eres un Dios de milagros. Me esfuerzo mucho por arreglar las cosas por mi cuenta y con mi propio poder. Pero tú estás allí a la espera, con la esperanza de que acudiré a ti. Tú puedes proveer el dinero de alguna manera inesperada, puedes sanar o puedes dar una solución que yo ni siquiera había considerado. Tú eres más grande que todos mis problemas y tienes el poder de mover montañas. Yo olvido que tú eres el Dios todopoderoso.

Abre mis ojos a los milagros que tú haces cada día. Enséñame a ver las cosas como las ven mis hijos. Ellos ven la maravilla de tu majestad en las plantas que florecen, en el romper de las olas y en el destello de un relámpago, cosas que yo doy por sentadas. Hazme recordar tu poder en mi vida hoy, y dame esperanza y fe renovadas.

«Ustedes no tienen la fe suficiente —les dijo Jesús—. Les digo la verdad, si tuvieran fe, aunque fuera tan pequeña como una semilla de mostaza, podrían decirle a esta montaña: "Muévete de aquí hasta allá", y la montaña se movería. Nada sería imposible». MATEO 17:20

✸ Una oración acerca del DINERO
Cuando me enfoco en las cosas equivocadas

SEÑOR:

Puedo pasar demasiado tiempo preocupándome por los asuntos financieros. El temor de no tener suficiente o de no usar mi dinero de forma sabia puede ser aterrador. Parece que las facturas simplemente siguen llegando. Puedo quedar paralizada y gastar dinero comprando cosas que no necesito, o aferrarme mucho al dinero que tengo y no estar dispuesta a dárselo a los demás. Ninguna de estas actitudes es la forma en la que tú quieres que use los recursos con los que me has bendecido.

Ayúdame a confiar en que tú proveerás para mis necesidades. Hazme recordar que todo lo que poseo en última instancia te pertenece a ti, y enséñame a usar mis recursos para tu gloria. Concédeme un corazón generoso que da libremente a los necesitados que me rodean. Ayúdame a desarrollar este valor en mis hijos, para que puedan crecer y modelar el don de la generosidad. Gracias por proveer para nuestras necesidades cada día.

Los que aman el dinero nunca tendrán suficiente. ¡Qué absurdo es pensar que las riquezas traen verdadera felicidad! Cuanto más tengas, más se te acercará la gente para ayudarte a gastarlo. Por lo tanto, ¿de qué sirven las riquezas? ¡Quizá solo para ver cómo se escapan de las manos!
ECLESIASTÉS 5:10-11

※ **Una oración acerca del SERVICIO**
  Cuando estoy agradecida por los amigos devotos

DIOS:

Estoy muy agradecida por mis amigos fieles y devotos. Sus generosas acciones de amor y servicio conmueven mi corazón. Debido a que han sido sensibles a tus impulsos, tú los has usado para que suplan algunas de mis necesidades más grandes. Querido Señor, por favor dales una medida adicional de tu bendición por las muchas formas en las que me han bendecido.

Ámense unos a otros con un afecto genuino y deléitense al honrarse mutuamente. ROMANOS 12:10

DÍA 343 *Momento de oración*

※ **Una oración acerca de los PENSAMIENTOS**
  Cuando necesito proteger mi mente

SEÑOR:

Los pensamientos innecesarios y no beneficiosos confunden mi mente. Reemplaza mis pensamientos impuros por pensamientos sin mancha. Fija mis pensamientos en lo que es bello y admirable. Enfoca mi mente en las cosas dignas de alabanza. Inspírame a tener pensamientos honorables y semejantes a los de Cristo, que te agradan a ti.

Concéntrense en todo lo que es verdadero, todo lo honorable, todo lo justo, todo lo puro, todo lo bello y todo lo admirable. Piensen en cosas excelentes y dignas de alabanza.
FILIPENSES 4:8

☼ Una oración acerca de la GRACIA
Cuando estoy agradecida por la benevolencia de Dios

SEÑOR JESÚS:

Ver a mi hijo correr a esconderse cuando desobedece me hace recordar lo agradecida que estoy por el regalo de tu gracia. Tú me ves y sabes todo lo que hago, y aun así me ofreces perdón sin amontonar vergüenza sobre mi cabeza. Tu ejemplo es la razón por la que puedo alzar en mis brazos a mi hijo y amarlo a pesar de sus fallas. Gracias por amarme siempre, por creer en mí siempre, y por caminar conmigo siempre por las montañas y los valles de mi vida. Gracias por amarme a pesar de mis defectos, y ayúdame a darle esa misma gracia a mi hijo. Que él aprenda a vivir en la libertad que surge al entregarte sus pecados y sus debilidades.

En tres ocasiones distintas, le supliqué al Señor que me la quitara. Cada vez él me dijo: «Mi gracia es todo lo que necesitas; mi poder actúa mejor en la debilidad». Así que ahora me alegra jactarme de mis debilidades, para que el poder de Cristo pueda actuar a través de mí. 2 CORINTIOS 12:8-9

⚙ Una oración acerca de la RESISTENCIA
Cuando necesito perseverancia

SEÑOR:

Esta vez en realidad ya he tenido suficiente. Sé que he afirmado eso en el pasado, pero ahora en verdad no queda nada en mí para ofrecer. Pero tú me dices que siga adelante de todos modos. Me dices que camine en tu fortaleza. Con todo el debido respeto, Padre Dios, ¿qué significa eso exactamente? Yo soy la que tiene que seguir respirando, seguir avanzando, sobreviviendo cada día, soportando esta agonía, viendo sufrir a quienes amo. Ya no puedo seguir así.

Vuelvo a colocar esto en ti, donde pertenece, Dios. Necesito que me muestres tu grandeza. Despiértame otra vez a tu identidad como DIOS. Sé DIOS para nosotros, más grande de lo que hemos pensado, más grande de lo que pudiéramos necesitar alguna vez en nuestro peor momento, en nuestra necesidad más grande. Jehová, Yahveh, el Gran Yo Soy. Tú creaste los cielos, las estrellas y la tierra. Tú haces que las montañas se muevan, que los reinos surjan y caigan, que los planes de la gente cambien y que los pequeños encuentren familias. Tú eres Salvador, Sanador, Guerrero poderoso, Consolador tierno y DIOS. Ahora mismo no puedo resistir sin ti como DIOS. Todo depende de ti, como tú siempre pretendiste que fuera.

Dios es mi ayudador; ¡el Señor me mantiene con vida!
SALMO 54:4

☼ Una oración acerca del DESCUIDO
Cuando ignoro mis propias necesidades

PADRE CELESTIAL:

Como madre, pienso mucho en las necesidades, la salud, la felicidad y el bienestar de mis hijos. Paso tanto tiempo preocupándome por ser una buena madre que frecuentemente descuido mi propia salud y mis propias necesidades. Tú te interesas en mí aún más de lo que yo me preocupo por mi propio hijo, y no quieres que me extenúe. Como lo dicen frecuentemente en los aviones, necesito ponerme mi propia máscara de oxígeno antes de ponérsela a mi hijo. Eso puede significar que, a veces, debo detenerme y descifrar de qué maneras necesito cuidar de mí misma o permitirte que cuides de mí cuando las cosas se ponen difíciles. Si me derrumbo por la presión, no le serviré para nada a mi hijo.

Ayúdame a aprender a cuidar de mí misma y a encontrar formas de obtener descanso en tiempos estresantes. Dame tu fortaleza y tu energía hoy, mientras cuido de mí misma para que pueda estar renovada y lista para servir a mi familia.

¿No se dan cuenta de que todos ustedes juntos son el templo de Dios y que el Espíritu de Dios vive en ustedes? Dios destruirá a cualquiera que destruya este templo. Pues el templo de Dios es santo, y ustedes son este templo. I CORINTIOS 3:16-17

✦ Una oración acerca del LLAMADO DE DIOS
Cuando no me siento tan espiritual

SEÑOR:

«¿El llamado de Dios?». Seamos completamente sinceros. Frecuentemente no sé qué significa el llamado de Dios en mi vida diaria. Tu llamado ¿cuando lavo los platos? ¿Mientras preparo a los niños para la escuela? ¿Cuando hago mandados, expreso mi opinión durante una reunión de la junta, llevo a caminar al perro antes de irme a dormir?

En la mayoría de los momentos cotidianos no me siento lo suficientemente importante como para oír un llamado formal de ti. Pero tú ya sabes eso, ¿verdad? Tal vez esa es la razón por la que te aseguraste que la historia del llamado de Samuel llegara a tu Palabra. Lo despertaste de un sueño profundo, y hasta varias veces, hasta que obtuviste toda su atención. Él no reconoció tu voz al principio, pero finalmente se le puso al tanto de que las persistentes palabras eran tuyas. Por favor llámame así hoy. Haz lo que se requiera para obtener mi atención. Independientemente de que tengas tareas grandes o pequeñas para mí, por favor ayúdame a oírte a lo largo de esta vida cotidiana.

El SEÑOR vino y llamó igual que antes: «¡Samuel! ¡Samuel!».
Y Samuel respondió: «Habla, que tu siervo escucha».
I SAMUEL 3:10

⚙ Una oración acerca de las DECISIONES
*Cuando necesito alimentar la confianza de mi hija
para que decida bien*

SEÑOR:

No es fácil saber cuándo aflojar las riendas y darle a mi hija
más libertad para tomar decisiones. Todavía soy responsa-
ble por ella, aunque ella tome una decisión que ocasione
problemas. Ya que no puedo sostenerla de la mano para
siempre, por favor, ¿podrías ayudarme a inculcarle confianza y el deseo de tomar las decisiones que te honren?
Ayúdame a refrenarme cuando ella necesite lidiar con una
situación por sí sola, y ayúdame a ofrecerle ayuda en el
momento apropiado o una nueva perspectiva cuando sea
obvio que la necesita.

Mantén mis ojos enfocados en la meta de criar a una
persona fuerte que (1) no esté tan segura de sí misma que
evite tu guía y (2) se sienta confiada en que es capaz de
oírte y elegir bien. Muéstrale cuáles son sus fortalezas y sus
debilidades, y ayúdala a mantener un corazón dispuesto a
aprender. Que sus fortalezas la ayuden a dirigir con honradez y visión, y que sus debilidades le permitan entender de
mejor manera las debilidades de otros. Bendice a esta niña,
Padre, a medida que la criamos para que sea una bendición
para este mundo.

*Cuiden del rebaño que Dios les ha encomendado [...] porque
están deseosos de servir a Dios. No abusen de la autoridad
que tienen sobre los que están a su cargo, sino guíenlos con
su buen ejemplo.* I PEDRO 5:2-3

☀ **Una oración acerca de la SANIDAD**
   Cuando no podemos hacer que mejore

PADRE CELESTIAL:

Me duele mucho ver sufrir a mi hijo. Deseo intensamente poder quitarle el dolor y hacer que todo esté bien. Solo tú puedes traer sanidad. Tú eres Jehová-Rafa, el Dios que sana. Por favor dale alivio del dolor hoy.

«Yo soy el SEÑOR, quien los sana». ÉXODO 15:26

DÍA 350 *Momento de oración*

☀ **Una oración acerca de la MALDAD**
   Cuando me siento agobiada por las aflicciones de este mundo

DIOS:

No sé cómo puedes soportar toda la maldad en este mundo. Algunas personas nunca han conocido la alegría o la seguridad en esta vida. Pero, Señor, gracias porque tú planificas sanar, reconstruir y quitar toda aflicción que surge de la impiedad. La alegría que nos espera es inimaginable. Mientras tanto, enséñame cómo reflejar tu cuidado amoroso a los sufridores que me rodean.

Él les secará toda lágrima de los ojos, y no habrá más muerte ni tristeza ni llanto ni dolor. Todas esas cosas ya no existirán más. APOCALIPSIS 21:4

✦ Una oración acerca de las PALABRAS

Cuando les hablo a mis seres amados de manera poco amable

PADRE:

Esta mañana estoy llorando por la forma tan mala con la que traté a mi hija cuando salía corriendo para la escuela. ¿Cómo pude decirle todas esas palabras desagradables? Permití que las circunstancias de mi mañana distorsionaran mi perspectiva. Ni siquiera le dije cuánto la amo, y ahora ya se fue. No entiendo cómo esas palabras crueles y las palabras amorosas pueden salir de la misma boca. Sé que todos hablan y actúan de lo que fluye de sus corazones.

Así que por favor examina mi corazón, Señor, y hazme ver todo lo malvado y pecaminoso que necesito confesar. Perdóname por tratar a mi hija de una forma que no refleja cuánto nos amas a las dos. Me arrepiento de tener cuentas pendientes contigo. He permitido que mis frustraciones y mi ira se filtren a mis conversaciones con mi familia. Te pido, Padre, una oportunidad para hacer las paces con mi hija esta noche. Quiero acercarme a ella con humildad y amor. Restaura nuestra relación a un final amoroso y lleno de gracia.

La bendición y la maldición salen de la misma boca. Sin duda, hermanos míos, ¡eso no está bien! SANTIAGO 3:10

⚙ Una oración acerca de la ADVERSIDAD

Cuando quiero estimular el crecimiento más profundo

DIOS:

Conforme crecen mis hijos, más se despiertan a los problemas del mundo. He visto temor en sus ojos cuando oyen historias de guerra, abuso, crimen, enfermedad, desastres naturales, injusticia, incluso incertidumbre política. Algunas de esas historias nos han afectado directamente. ¿Cómo ayudo a mis hijos a lidiar con el temor de la adversidad, Dios? Debido a que tú nos das espacio para tomar decisiones, inevitablemente trataremos con ofensas: tanto nuestras como de los demás. Pero, Dios, tú no permites que el dolor sea en vano cuando acudimos a ti por ayuda y empoderamiento en medio de él.

No puedo proteger a mis hijos de algunos de los efectos del pecado. Por favor, dame sabiduría para evaluar su madurez y cuánto conocimiento pueden soportar. Ayúdalos a desear un crecimiento más profundo y fortaleza a través de ti. A medida que maduran, haz que mis hijos sean más fuertes para encargarse de su futuro con la fe. Tú te glorificas cuando confiamos en ti y dejamos que tu luz brille a través de nosotros. Haz que eso sea cierto en mis hijos, Señor. Despiértalos a tus propósitos, y saca belleza de lo que puede parecer un desastre.

Siempre que se pone a prueba la fe, la constancia tiene una oportunidad para desarrollarse. Así que dejen que crezca, pues una vez que su constancia se haya desarrollado plenamente, serán perfectos y completos, y no les faltará nada.

SANTIAGO 1:3-4

☼ Una oración acerca de las DISCIPLINAS ESPIRITUALES
Cuando necesito desarrollar hábitos santos

SEÑOR:

Siento como que me estás evaluando y probando mi fe. Percibo tus fuegos purificadores. A través de la oración, me doy cuenta cada vez más de cuánto confío en mí misma y no en ti ni en tu provisión divina. A través de tu Palabra esta semana he sentido compunción por áreas en las que no estoy alineada a tu verdad. En silencio, tú me has buscado con amor y has llenado mi corazón con el deseo de manifestar compasión a los demás.

Gracias, Señor, por refinarme y por permitir que la escoria de mis comportamientos pecaminosos salgan a la superficie. Señor, ahora necesito encontrarme contigo para poder conocerte y servirte. En el pasado, estas disciplinas espirituales han servido como una cuerda de rescate. Dame gracia para seguir las prácticas santas que me has mostrado que son para mi crecimiento en gracia. Susténtame con el hábito de un tiempo diario a tus pies para que pueda llegar a ser la mujer que tú me llamas a ser.

[Dios dice:] «A este último grupo lo pasaré por el fuego y los haré puros. Los refinaré como se refina la plata y los purificaré como se purifica el oro. Invocarán mi nombre y yo les responderé. Les diré: "Este es mi pueblo", y ellos dirán: "El SEÑOR es nuestro Dios"». ZACARÍAS 13:9

⚙ Una oración acerca del AGRADECIMIENTO
Cuando siento gratitud

SEÑOR JESÚS:

No hay nada como el sonido de la risa de un niño para recordarme, incluso en las épocas más oscuras, que hay esperanza. Yo creo que tú creaste ese sonido solo con ese propósito. Es fácil para mí deprimirme cuando las cosas se ponen difíciles. Puedo desanimarme y ser tentada a pensar que te has olvidado de mí. Pero tú no me has prometido una vida fácil. En tu Palabra, tú reconoces que en esta vida tendré problemas. Pero solamente será una época.

Si pongo mi confianza en ti, tú prometes ser mi roca y mi refugio. Esta es la fuente de mi esperanza y el origen del verdadero gozo. Recuérdame otra vez hoy estar agradecida por esta promesa y expresar gratitud por las bendiciones que me has dado. Ayúdame a aprender a deleitarme en estas promesas hoy.

Le pido a Dios, fuente de esperanza, que los llene comple-
tamente de alegría y paz, porque confían en él. Entonces
rebosarán de una esperanza segura mediante el poder del
Espíritu Santo. ROMANOS 15:13

☼ Una oración acerca del VALOR
Cuando me complazco demasiado fácilmente

DIOS:

He pasado demasiados años persiguiendo planes de vida que prácticamente no valen nada. Estoy cansada de tratar de controlar mi propio destino, y veo la futilidad de invertir mi vida para ganancias temporales. Señor, por favor cambia mi perspectiva de lo temporal a lo eterno. ¿Qué beneficio obtengo si busco y gano las cosas de este mundo, pero pierdo mi propia alma?

Para ti soy preciosa: tan atesorada que, de hecho, enviaste a tu propio Hijo precioso a redimir mi alma de una eternidad sin Cristo. Estoy eternamente agradecida por este sacrificio indescriptible por mí. Fortalece a mis hijos para que resistan las seducciones de este mundo que amenazan con alejarlos de los intereses piadosos. Sé que solo dos cosas son eternas: la Palabra de Dios y el alma de las personas. Permite que mi alma sea un testimonio que se presenta como una búsqueda singular hacia la inversión en estas cosas invaluables. Que yo busque alegremente el tesoro del cielo.

¿Y qué beneficio obtienes si ganas el mundo entero pero pierdes tu propia alma? ¿Hay algo que valga más que tu alma?
MATEO 16:26

※ **Una oración acerca del MATRIMONIO**
Cuando pienso en el futuro de mi hijo

SEÑOR:

Aunque puede estar a muchos años de distancia, yo quiero que mis hijos experimenten matrimonios piadosos y saludables. Ayúdanos a mi esposo y a mí a modelar tal relación hoy. Por favor ayúdame a prepararlos para un matrimonio largo y feliz. Te pido, también, que tú obres incluso ahora en las vidas de sus cónyuges.

Como ya no son dos sino uno, que nadie separe lo que Dios ha unido. MATEO 19:6

DÍA 357 *Momento de oración*

※ **Una oración acerca del PLACER**
Cuando quiero lo que yo quiero

DIOS:

¿Por qué siempre quiero lo que yo quiero en lugar de lo que tú quieres para mí? Mi deseo de estar satisfecha con estas cosas inferiores me aleja más de ti de lo que alguna vez imaginé que pudiera hacerlo. Dame fortaleza para rechazar los placeres mundanales y para encontrar mi satisfacción más grande en ti.

Se nos instruye a que nos apartemos de la vida mundana y de los placeres pecaminosos. En este mundo maligno, debemos vivir con sabiduría, justicia y devoción a Dios. TITO 2:12

☀ Una oración acerca de las HABILIDADES
Cuando necesito un recordatorio de tu fortalecimiento

SEÑOR:

Mi corazón quiere enfrentarlo todo y nunca parecer alterado, que se me conozca por hacer todo el trabajo sin desgastar ni un suspiro de ansiedad, y verme fabulosa a cada paso del camino. Pero muchos días se me prueba al límite. Antes de tener hijos, me sentía capaz, eficiente. Disfrutaba ser organizada y estar por encima de las circunstancias. ¿Qué le pasó a esa mujer? Ahora mi paciencia y mi autoestima flaquean cuando las demandas atacan como balas. Yo no soy Ana la Artista; ni Patricia la Presidenta de la Junta Escolar de Padres; ni Sandra la Supermamá. Algunas mañanas mis hijos apenas toman dinero para el almuerzo antes de salir corriendo a la escuela, para llegar justo antes de la última campanilla. ¿Y mi cerebro organizado? Si algo no está escrito, olvídelo. Hasta mi apariencia física grita «Mamá cómoda» en lugar de «Experta en estilo».

Dios, por favor reenfócame para que tu opinión de mí brille a través de mi semblante. Recuérdame que contigo puedo encargarme de todo lo que tú me permites enfrentar. Quizá no sea la madre perfecta, pero mis hijos saben que tienen mi corazón, y eso es lo más importante. Tal vez mis limitaciones en realidad son regalos cuando me impulsan a apoyarme más completamente en ti.

Todo lo puedo hacer por medio de Cristo, quien me da las fuerzas. FILIPENSES 4:13

☼ Una oración acerca de la SABIDURÍA DE DIOS
Cuando necesito discernimiento y guía

SEÑOR:

Mi esposo y yo estamos tratando de tomar una decisión final hoy en cuanto a si debemos mudarnos de casa o no. Nos ha encantado ser parte de esta comunidad y criar a nuestros hijos aquí. Necesitamos tu sabiduría y discernimiento para abrirnos camino en este proceso. Tenemos muchas buenas razones para irnos y muchas para quedarnos. Sabemos que cualquier decisión que tomemos, el resultado final impactará a nuestra familia.

En última instancia, queremos estar en el lugar donde te serviremos como familia de una manera más estratégica. Tú provees todos los recursos, como el tiempo y el dinero, independientemente de la oferta de un nuevo salario. Venimos ante ti humildemente como familia, y te pedimos que dirijas nuestros pasos al centro de tu voluntad. Que modelemos para nuestros hijos lo que implica una decisión piadosa. Por favor enséñanos claramente qué decisión tomar al abrir y cerrar puertas claramente. Descansamos firmemente en la convicción de que tú nos guiarás fielmente adonde tenemos que estar.

Si necesitan sabiduría, pídansela a nuestro generoso Dios, y él se la dará; no los reprenderá por pedirla. SANTIAGO 1:5

⚙ Una oración acerca de la VICTORIA
Cuando necesito permanecer firme en la adversidad

DIOS:

Esta noche estoy agotada al caer en mi silla. Siento como si estuviera rodeada de dardos encendidos y tuviera un blanco en mi espalda. Demasiados días me doy cuenta de que permanecer firme ante la adversidad es un desafío difícil. Dios, yo sé que tú nos has dado a nuestro hijo y que él es un complemento perfecto para nuestra familia. Su discapacidad es una oportunidad de confiar en ti a diario, cada minuto. Cada día batallo solo para obtener el ímpetu para seguir adelante. La comunicación y las habilidades de motricidad fina solamente son posibles por tu habilitación misericordiosa.

Ayúdame a ver las victorias pequeñas que ocurren cada día. Perdóname por dar por sentado todo lo que provees, como las finanzas para la terapia y los amigos que nos animan en el camino. Dame gracia cuando mi hijo sea excluido de la escuela o de las actividades de la comunidad por sus limitaciones físicas o emocionales. Ayúdame a recordar que tú estás con nosotros en cada paso de este camino. La victoria se encuentra a medida que confiamos en tu amor constante.

¡El SEÑOR su Dios va con ustedes! ¡Él peleará por ustedes contra sus enemigos y les dará la victoria! DEUTERONOMIO 20:4

☼ Una oración acerca de la ESPERANZA
Cuando mi hijo sufre

SEÑOR:

No poder hacer nada cuando mi hijo experimenta dolor es una de las cosas más difíciles que he tenido que soportar hasta ahora. Quiero intervenir y quitarle la incomodidad. Creo que así es como tú te sientes cuando ves a tu creación agonizar en este mundo lleno de pecado.

Estoy muy agradecida porque aunque este mundo esté lleno de adversidad y dificultades, solo es una casa temporal. Tú nos has dado la esperanza de un futuro en el que viviremos contigo en un lugar donde no habrá sufrimiento ni dolor. Anhelo el día en el que pueda vivir en el paraíso contigo. Mientras tanto, por favor dale a mi hijo consuelo durante este tiempo de dificultad. Camina con nosotros cada día, y ayúdanos a entregarte nuestras cargas. Quédate con nosotros hoy.

Sabemos que, hasta el día de hoy, toda la creación gime de angustia como si tuviera dolores de parto; y los creyentes también gemimos —aunque tenemos al Espíritu Santo en nosotros como una muestra anticipada de la gloria futura— porque anhelamos que nuestro cuerpo sea liberado del pecado y el sufrimiento. Nosotros también deseamos con una esperanza ferviente que llegue el día en que Dios nos dé todos nuestros derechos como sus hijos adoptivos, incluido el nuevo cuerpo que nos prometió. ROMANOS 8:22-23

☼ Una oración acerca de la DELICADEZA
Cuando necesito ser un ejemplo de la ternura de Jesús

SEÑOR JESÚS:

Cuando veo que mis hijos son desconsiderados cuando juegan, les recuerdo que consideren los sentimientos de los demás. He perdido la cuenta de la cantidad de veces que les he pedido que compartan y jueguen bien. Entonces, ¿por qué es tan difícil para mí ver cuando yo hago lo mismo? Puedo ser descortés y desconsiderada con los que me rodean cuando estoy cansada y frustrada. No siempre me gusta compartir mi tiempo y mi atención. Creo que no todos describirían siempre mis acciones como un ejemplo de la delicadeza que deseo ver en mis hijos.

Señor, te confieso mi falta de consideración y te pido que me ayudes a cultivar más consideración en mi vida, no solo con mis hijos sino también con mis familiares, mis amigos y los demás con quienes me tope durante el día. Gracias por ser un ejemplo de delicadeza para mí, y ayúdame a ser más semejante a ti.

No deben calumniar a nadie y tienen que evitar pleitos. En cambio, deben ser amables y mostrar verdadera humildad en el trato con todos. TITO 3:2

☀ **Una oración acerca del PROPÓSITO**
   Cuando pienso que mi plan es el mejor

SEÑOR:

Perdóname por mis muchos planes y programas que tienen poco o nada que ver con el avance de tu reino. Muy frecuentemente supongo que si te presento mi lista de cosas por hacer en mi oración de la mañana, tú le pondrás tu sello de aprobación a mis propuestas. Señor, en tu amabilidad reemplaza mi lista con tus propósitos perfectos para mi vida.

Puedes hacer todos los planes que quieras, pero el propósito del SEÑOR prevalecerá. PROVERBIOS 19:21

DÍA 364 *Momento de oración*

☀ **Una oración acerca de la PAZ**
   Cuando entro en pánico

SEÑOR:

Hoy necesito tu paz que supera mi entendimiento. Mi mente va a toda velocidad y la ansiedad amenaza con abrumarme. Lléname de tu paz y tranquiliza mi corazón. Hazme recordar que tú estás conmigo siempre.

Les he dicho todo lo anterior para que en mí tengan paz. Aquí en el mundo tendrán muchas pruebas y tristezas; pero anímense, porque yo he vencido al mundo. JUAN 16:33

☼ Una oración acerca de la PUREZA
Cuando quiero vivir una vida transparente

ESPÍRITU SANTO:

Tú ves las profundidades de mi corazón. No puedo esconderme de ti. Tú ves todas mis acciones y todas mis actitudes ocultas. Tú ves más allá del exterior hasta los motivos, los pensamientos y las intenciones subyacentes de mi alma. Anhelo vivir una vida sincera y auténtica que sea visible a los que me rodean. Quiero vivir una vida que sea pura.

Espíritu Santo, yo sé que cuando mi corazón esté puro ante ti, entonces rebosará de entendimiento, paciencia, amabilidad y amor. Espíritu Santo, necesito que reveles las áreas en mis pensamientos, palabras y obras que sean impuros y estén contaminados. Ayúdame a vivir en una comunión tan íntima contigo que sea rápida para arrepentirme cuando mi vida se esté contaminando con el pecado y las metas malvadas. Quiero que tú limpies todas mis impurezas hasta que yo esté más blanca que la nieve.

Demostramos lo que somos por nuestra pureza, nuestro entendimiento, nuestra paciencia, nuestra bondad, por el Espíritu Santo que está dentro de nosotros y por nuestro amor sincero.
2 CORINTIOS 6:6

ÍNDICE POR TEMAS